改訂版

受入準備
採用面接
定着支援

成功する精神障害者雇用

株式会社スタートライン
刎田 文記
江森 智之

第一法規

はじめに

精神障害者の雇用は、なぜ難しいと言われるのでしょうか。その理由の1つは、「精神障害とはどんなものなのか、分かりにくい」というところにあるのかもしれません。

精神障害者の多くは、身体的な障害はないため、一見しただけではどこに障害があるのか分かりません。また、大学を卒業し、正社員としてのキャリアを持つ人もおり、履歴書を見ただけではどんな障害があるのか分からないといったことが多いのです。

また、精神障害者自身が、自分の障害を十分に認識することができず困っているケースが多いということも、雇用を難しくする大きな要因となっています。

精神障害者の中には、職業生活以外の日常生活の場面では、それほど障害を感じずに生活できている人が多くいます。たとえば、周囲の人との人間関係があまりなく、1人で過ごす時間が多い人は、自分の障害が何かということを周りから明確に示されることがありません。また、家族と一緒に過ごしている人でも、何か家族との間で問題が生じた際、自分に原因があるのか、家族のほうが悪いのかが分かりにくく、自分の障害の問題として受け止めることをせずに過ごしていることが多いのです。

このように、自分の障害を見つめる機会がなかなか生じない、そういう機会を得られないということに加え、障害があることを認めたくないという気持ちも、本人が障害を認識する妨げとなります。特に、人生の途中で精神障害や発達障害、高次脳機能障害のような障害に向き合わなければならなくなった人は、「自分に障害があると認めたからといって、その障害を元に戻したり、治したりできるわけではない」「自分が障害を認めると、さらに他の障害も明るみに出るのではないか」と考え、「自分の障害に向き合いたくない、認めたくない」という気持ちを持つようになることが多いのです。もっとも、見えない障害と向き合うことの恐怖や不安は、同じような状況に置かれれば、誰にでも生じる自然な気持ちかもしれません。

一方で、一旦、自分の身に降りかかった障害は簡単になくせるものではありません。精神障害者はどんな恐怖や不安に晒されていても、自分の障害に前向きに対峙し、乗り越える方法を学んでいかなければなりません。

そのためには、適切なサポートが必要になってきます。しかし、職業生活においては、そのようなサポートを誰がしてくれるのか、どのように支えてくれるのか、明確にならないことも多いのが現状です。では、自分自身の障害と向き合う勇気を奮い起こして、働こうとしている精神障害者を、実際の職場でどうやって支えていけばよいのでしょうか。

本書では、まず第1章で精神障害をはじめとしたさまざまな見えない障害について解説します。続く第2章では、精神障害者の就業状況や今後の政策の方向性について概観します。さらに第3章では、障害者への虐待や差別の禁止、合理的配慮の提供義務、精神障害者の雇用によって企業に生じ得るリスク等について整理します。そして第4章では、精神障害者の雇用を成功させるために、受入準備・採用活動・職場定着の支援という3つの場面での具体的な手立てについて紹介し、第5章では、職場でのさまざまな「つまずき」への対策について事例を挙げて解説していきます。

本書は、2018年4月からの精神障害者の雇用義務化に向け、精神障害者の雇用にこれから取り組もうという企業、あるいはすでに取り組んだものの、思ったような成果があげられなかった企業の、人事ご担当者に向けて執筆しました。

改訂版においては、数値等について最新の数字を反映し、初版以降の障害者雇用促進法の改正、行政の施策や助成制度の動向等を踏まえ加筆しました。そして、精神障害者のセルフマネジメントや、コロナ禍において急速に普及した在宅勤務、また精神障害者を管理する管理者のマネジメント事例など、新たに事例を5つ追加しました。民間企業における障害者の法定雇用率は2021年3月に2・2%から2・3%に引き上げられ、さらに2024年4月には2・5%、2026年7月には2・7%に段階的に引き上げられることが決定しており、今後の障害者雇用は「量」と「質」の双方がより重視される傾向となり、障害者雇用に対する社会の意識や取り組みは、継続的に高まると考えております。

本書を手に取っていただいたことが、精神障害者雇用の成功への第一歩となることを願っています。

2023年11月

刎田 文記・江森 智之

Chapter

4

Chapter 5

Chapter 5

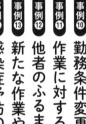

※本書に掲載された図表のうち、出典が明記されていないものはすべて筆者が作成したものです。

Chapter

1

現代社会と精神障害者

精神障害者の雇用はなぜ難しいと言われるか

精神障害者が職場定着を実現できる可能性について、企業サイドから見た現実と本人サイドから見た現実を、それぞれの立場で整理してみましょう。

企業視点の現実

まず、企業サイドとしては、精神障害や発達障害、高次脳機能障害を持つ人の障害状況は「よく分からない」というのが正直なところでしょう。職場での支援や配慮の仕方・接し方などについても、障害者の支援について学んだことのない人からすれば、分からないのも当然です。また、どの程度の仕事や成果を期待できるのか、あるいは求めてよいのかということについても、その人の障害状況を具体的に理解できないままでいると、想定することすら「難しい」ということになるでしょう。一方で、精神障害者が不安定になりやすいからといって、人事担当者が体調の変化について常に把握したり、日常生活をいつも確認したりすることも、難しいと考えざるを得ません。

そうした「分からない」「難しい」が積み重なった結果、精神障害者をうまく支えきれず、短期間で離職されてしまうことになるのです。

精神障害者視点の現実

一方で、精神障害者サイドの現実を見てみましょう。精神障害者は、新しい職場に入っていった時、自分自身の障害がどのように仕事に影響するのか、自分でもよく分かっておらず不安を抱えています。そのような不安な気持ちを含めて、周りの人に自分の障害を理解してもらえるよう、どのように説明したらよいのかも分かっていません。また、仕事を長期に継続していく中で、どんな問題がなぜ生じるのか、実体験を通して認識できている精神障害者は、それほど多くはありません。

不安を抱えながら働き始め、新たな問題と遭遇して、混乱の中で、彼らは仕事や人間関係などについて四六時中考え始め、日々思い悩み、眠れなくなり、生活リズムを崩してしまいます。このような現実は、自分自身だけでは簡単に解決することはできません。そして、毎日のこの現実の積み重ねによって、職場に行くことを考えただけで気分が悪くなり、短期間で職場を辞めてしまうことになるのです。

安定した雇用・就労のために

互いの現実を整理してみると、企業サイドから見ても精神障害者サイドから見ても、お互いに、対処困難なブラックボックスのような問題を抱えていることが分かります。お互いが安定した雇用・就労を目指したいと思っているにもかかわらず、その実現のための手立てをうまく講じることができず、困っている状態にあるのです。

これでは、精神障害者の雇用が難しいと考えられてしまうのは、無理もないことなのかもしれません。

では、このような困難に対してどのような手立てを講じることができるのでしょうか。

精神障害者自身ができることとしては、定期的な通院・服薬はもちろんのこと、体調や病状が悪化した際に、十分な休養を取ったり、病院に相談できたりすることが挙げられます。また、困ったことや分からないことがあったとき、誰かに相談したり支援を求めたりすることができると、段々と自分でできることが増えていくでしょう。一方で、精神障害者が、自分の抱えている現実を自分の力だけで乗り越えようと頑張りすぎると、日常生活を犠牲にして無理をしてしまい体調を崩したり、健常者と同じように働こうと頑張りすぎて再び症状が悪化してしまったりするかもしれません。

精神障害者が直面している現実を乗り越えるには、精神障害者が自分自身の障害を理解し、障害に前向きに取り組めるような、周囲の人々のサポートが必要です。最近では、さまざまな就労移行支援機関で、精神障害者へのサポートを行うようになってきましたが、実際には職場においても継続的なサポートが必要になってきます。

一方、企業サイドがこの現実を乗り越えるには、まず、一人ひとりの障害状況や職業的能力について理解した上で、個々の能力の発揮を支えていくために、その障害に向き合っていく姿勢が必要となります。そのためには、まず精神障害について知ることから始めましょう。

障害者手帳制度と「見えない障害」

障害者手帳には身体障害者手帳、療育手帳、精神障害者保健福祉手帳という3つの種類があります。表に、日本の障害者手帳の種類と対象となる疾患を示しました。最近では、どの手帳においても障害の範疇が少しずつ変化してきており、一見して障害の有無が分かりにくい「見えない障害」が増えてきています。以下では、それぞれの手帳所持者の持つ「見えない障害」について見ていきましょう。

身体障害――身体障害者手帳

身体障害者手帳に該当する疾患のうち、免疫機能の障害（表の⑧）や肝臓機能の障害（表の⑨）などは、比較的最近になって加えられた疾患です。これらは内部疾患の範疇に入れられましたが、状態が大きく変化しない限りは、外から見て身体に障害があるようには見えません。心臓やじん臓、小腸等の機能障害の多くも同様に、周囲から見てもほぼ分から

◉日本の障害者手帳の種類と対象となる疾患

手帳の種類	該当する疾患等	備考
身体障害者手帳	①視覚障害 ②聴覚または平衡機能の障害 ③音声機能、言語機能またはそしゃく機能の障害 ④肢体不自由 ⑤心臓、じん臓または呼吸器の機能の障害 ⑥ぼうこうまたは直腸の機能の障害 ⑦小腸機能の障害 ⑧ヒト免疫不全ウイルスによる免疫の機能の障害 ⑨肝臓機能の障害	高次脳機能障害者のうち身体障害も有する人(例:片麻痺)を含む。
療育手帳	児童相談所または知的障害者更生相談所において知的障害であると判定された人 IQ　おおむね70～75程度以下	発達障害のうち幼児期、児童期などに判定を受けて手帳を取得した人を含む。
精神障害者保健福祉手帳	統合失調症、うつ病、双極性障害、てんかん、非定型精神病、中毒精神病、器質精神病、その他の精神疾患(発達障害、神経症性障害、ストレス関連障害、成人の人格および行動の障害、食行動異常、睡眠障害等)	●発達障害者のうち医療機関の診断を受け手帳取得した人を含む（若年者が多い)。 ●高次脳機能障害者のうち身体障害を持たない人を含む(若年から壮年者が多い)。 ●認知症の人で手帳取得した人を含む（高齢者が多い)。

ない障害です。

しかし、これらの内部疾患の範疇に入る人でも、職業生活においてはさまざまな制約がかかります。このような内部疾患を持つ人の多くは、継続的な治療が必要で、運動を控えたり、生活リズムを崩さないように注意したりすることが必要です。また、たとえば、肝臓機能障害の人については、何らかの理由で肝機能が著しく低下した場合、脳の機能が低下するなど、大きく障害状況が変化することもあります。日常生活では障害があるようには見えなくても、時に著しい機能の低下というようなかたちで、見えない障害が表れる可能性について知っておくことが重要です。

また、身体障害者手帳に該当する人の中に、身体以外の障害も配慮の対象としなくてはならない人がいる場合もあります。たとえば、身体障害者手帳の所持者の中に、高次脳機能障害という障害を持つ人がいます。これは、事故や病気により脳にダメージを受けたことによる後遺症です。脳梗塞や脳出血を、右脳あるいは左脳で発症すると、その出血や梗塞を起こした脳の反対側の手・足に麻痺が生じるということがよくあります。この障害により、身体障害者手帳を取得した場合でも、たとえば右の上下肢に麻痺がある場合、左脳に発症部位があるので、左脳の言語野が影響を受け、失語症や記憶の障害などの症状が出る場合があります。また、左に麻痺がある場合、右脳が障害を受けていることが多く、物の形態を認知・認識する機能が低下し、漢字や数字の読み間違いなどが出る場合がありま す。このような言語や認知の問題は、職業上の課題として捉えることが必要となります。

以上のことから、「身体障害者手帳の所持者は、身体の障害だけに対策を講じれば、あとは健常者と同じような勤務ができ能力が発揮できる」と考えることは、必ずしも適切ではありません。内部疾患や高次脳機能障害のような見えない障害に十分に留意し、健常者と同じような勤務を強いたり、経理や企画など認知的な負荷の高い職務を与えすぎたりしないよう配慮することが重要です。

知的障害──療育手帳

知的障害者とは、児童相談所・知的障害者更正相談所などで知的障害があると判定された人です。WAISやWISCと呼ばれるウェクスラー式知能検査が一般的ですが、その知能検査でIQ70～75程度以下という結果が出ると、知的障害として診断され、療育手帳の対象となります。

ただし、この療育手帳の判定については、IQ以外にも、日常生活でのさまざまな問題行動や社会に適応していくのが難しい行動上の問題なども判定基準に含まれており、それらの行動面でいろいろな問題があれば、IQ75以上でも療育手帳の対象として判定される場合があります。そのため、児童期や学童期、学生期などの17歳までの間に療育手帳を取るという選択をした、発達障害の人がいます。彼らの知能検査の下位検査の値にはバラツキが見られるものの、中には全IQでは90や100という人もいます。

つまり、療育手帳を持っていて障害種別としては知的障害に区分される人の中には、知的にはほぼ障害のない発達障害の人が含まれている場合があるということになります。これも、見えない障害の1つと言えるでしょう。

精神障害 ― 精神障害者保健福祉手帳

精神障害は、「見えない障害」の代表的存在です。雇用・福祉施策上の精神障害は、精神障害者保健福祉手帳を有する人を主な対象としていますが、この精神障害者保健福祉手帳の対象は幅広く、さまざまな障害種別の人が含まれています。まず、精神障害に分類される代表的な疾患は、統合失調症、双極性障害、うつ病、てんかんという疾病です。最近では、これ以外にも、不安障害やパニック障害、強迫性障害、適応障害など、さまざまな診断名のつく人が精神障害者保健福祉手帳の対象となっています。

また、この手帳の対象には、医療機関で発達障害という診断を受けた人も含まれます。このような発達障害者は若年者の割合が多いのですが、最近では30代、40代で発達障害という障害名で精神障害者保健福祉手帳を取る人も増えてきています。発達障害者の中には高学歴の人も多くみられます。

たとえば、若年者の手帳取得者の中には、高校を卒業するまでは他の生徒達とあまり変わらず、一生懸命勉強して大学進学を果たしたという人もいます。そういった人は、大学に進学後、一般教養などを座学で勉強しているうちは周囲についていけますが、ゼミに入り、実験や調査結果などをもとにレポートを書くことが多くなってくると、自分で物事をまとめたり、まとまった文章を書いたりすることがとても苦手だということに気づきます。発表の準備ができないことや、ゼミの中でデータを取りまとめることが苦手だということが、周囲の人たちにも気づかれはしないかと心配になったり、就職活動をしていくなかで、周りと比べてなかなかうまく就職活動が進まないことを経験したりします。思い悩んで、学内の学生相談室に足を向け、いろいろと相談をする中で、精神障害者保健福祉手帳を取得するというケースも見られるようになってきています。最近では、障害を持った学生を対象とした相談窓口を持つ大学も多く、それらを利用しながら、学校生活や就職活動をしている学生も増えてきています。

さらに、精神障害者保健福祉手帳の該当者の中には、身体的な障害のない高次脳機能障害の人が含まれます。脳の疾患や事故などで、脳に大きなダメージを受けたものの身体的な障害は残らず、高次脳機能障害のみが後遺障害として残った人です。

たとえば、バイク事故などの交通事故やスノーボードなどのスポーツ事故、くも膜下出血などの脳の疾患によって脳にダメージを受けてしまい、一週間くらい意識の戻らないような状態が続いた人がいたとします。意識が戻った後、身体には障害が出なかったものの、本人には自覚がないけれども、周囲の人から以前とは少し変わったと言われるようになりました。そのうち、自分でも「人の名前が出てこなくなった」「物覚えが悪くなった」「新しいことを説明されても分かりにくい」「イライラしやすくなった」といったようなことに気づき始め、もしかしたらと思って受診したら、高次脳機能障害という診断が出て手帳を取得したという人がいます。このような高次脳機能障害の人には、「認知障害」という障害特性があります。記憶の障害や、思考の障害、感情の障害など、個々に異なるさまざまな障害状況が表れますので、それらに対処していかなければなりません。

最後は、認知症と言われる疾病を持つ高齢者が精神障害者保健福祉手帳を取得するケースです。認知症になると、身体は元気で何でもできるように見えても、日々の生活の中での段取りや計画性が損なわれるなど、認知的な判断が段々と苦手になってきて、1人で生活をすることが難しくなってきます。身体に障害がないので、身体障害者手帳の対象にはならないのですが、精神障害者保健福祉手帳を取得し福祉施策の利用ができるようにしているのです。

このように精神障害者保健福祉手帳の対象には、実にさまざまな種別の障害を持つ人が含まれています。しかし、身体障害者の手帳とは違い、どのような疾患あるいは障害で精神障害者保健福祉手帳を取得したかという情報は、手帳には記載されていません。つまり、障害者を採用する側からすると、精神障害者保健福祉手帳の写しが応募書類の中に添付されていたとしても、そこから得られる情報だけでは、発達障害なのか高次脳機能障害なのか、何かの精神疾患なのか全く分かりません。手帳上は精神障害という情報以外は、文字どおり「見えない障害」となっているのです。採用する側にとっては、精神障害者保健福祉手帳を見た時に、とても難しく不安に感じ、心悩ます状況になってしまうのも当然のことでしょう。

「見えない障害」は、周囲の人たちを不安にさせますが、仕事ができないとか、コミュニケーションが全く取れないというものではありません。本人から情報を得て、しっかりと準備をし、適切な対応を行うことによって、職場で戦力化できる可能性があるということを学んでいきましょう。

誰でもなり得る「精神障害」

統合失調症やうつ病といった疾患は、精神障害者保健福祉手帳の主たる分類になっています。この節では、これらの疾患について少し詳しく説明します。

統合失調症、うつ病

統合失調症やうつ病は、強いストレスや大きな環境の変化によって、脳内の伝達物質の異常など、脳へのダメージが生じた結果、発症すると言われています。こうした精神疾患、いわゆる心の病気による障害は、先天的な障害と区別され中途障害と呼ばれることもあります。まれに、小学生くらいの頃から統合失調症様の症状が出る子どももいますので、子どもの頃は絶対にかからないということは言いきれませんが、産まれた時から精神疾患にかかっている人は基本的にはいません。

中途障害である精神疾患は、急性期や回復期と呼ばれる治療経過を経て徐々に回復し、患者は病気とつきあいながら職業生活を含めた社会生活が送れるようになっていきます。そんな精神障害の障害状況の中でも共通しているところは、感情の問題です。精神障害を持つ人は総じて強い不安あるいは恐怖などを感じやすく、それらの感情に囚われやすい状態にあります。そして、それらの感情の問題は、いろいろな場面や出来事とさまざまな事象をきっかけに表れるようになり、1日の中で不安定になる時間帯があったり、季節の変わり目などに不安定感が増したりする人も見られます。また、家庭内での諸事情が不安定さを醸しだすこともありますし、仕事の疲れが重なり過労気味になってくると不安定になってしまうこともよくあります。こういった「不安定さ」が精神障害者の職業的な問題の大きな部分を占めていると考えられます。

発症の時期は、思春期から壮年期が多いと言われています。統合失調症では、18～20歳ぐらいの青年期、ちょうど大人に差し掛かる頃に、心のバランスを崩してしまい発病に至ることが多くなっています。うつ病は、青年期から中高年期まで幅広い年齢層で発症します。職場において労務内容や勤務時間などについて自分の判断で管理できる範囲が少なく、仕事内容や仕事量が適切に管理されておらず、過剰なノルマや過剰な仕事量が積み重なり、残業時間が著しく多いような場合などは、うつ病の発症原因として、非常に大きな影響を及ぼすと考えられています。

一旦、こうした精神疾患を患うと、環境の変化やストレスに対する耐性が低下し、不安定になりやすくなり、職場適応上の大きな課題となります。精神障害者の職場適応を促すには、環境の変化をできるだけもたらさない、環境変化が必要な場合でも緩やかな変化に留める、といったような工夫をすることが望ましいと考えられます。

◉精神障害者にありがちな思考パターン

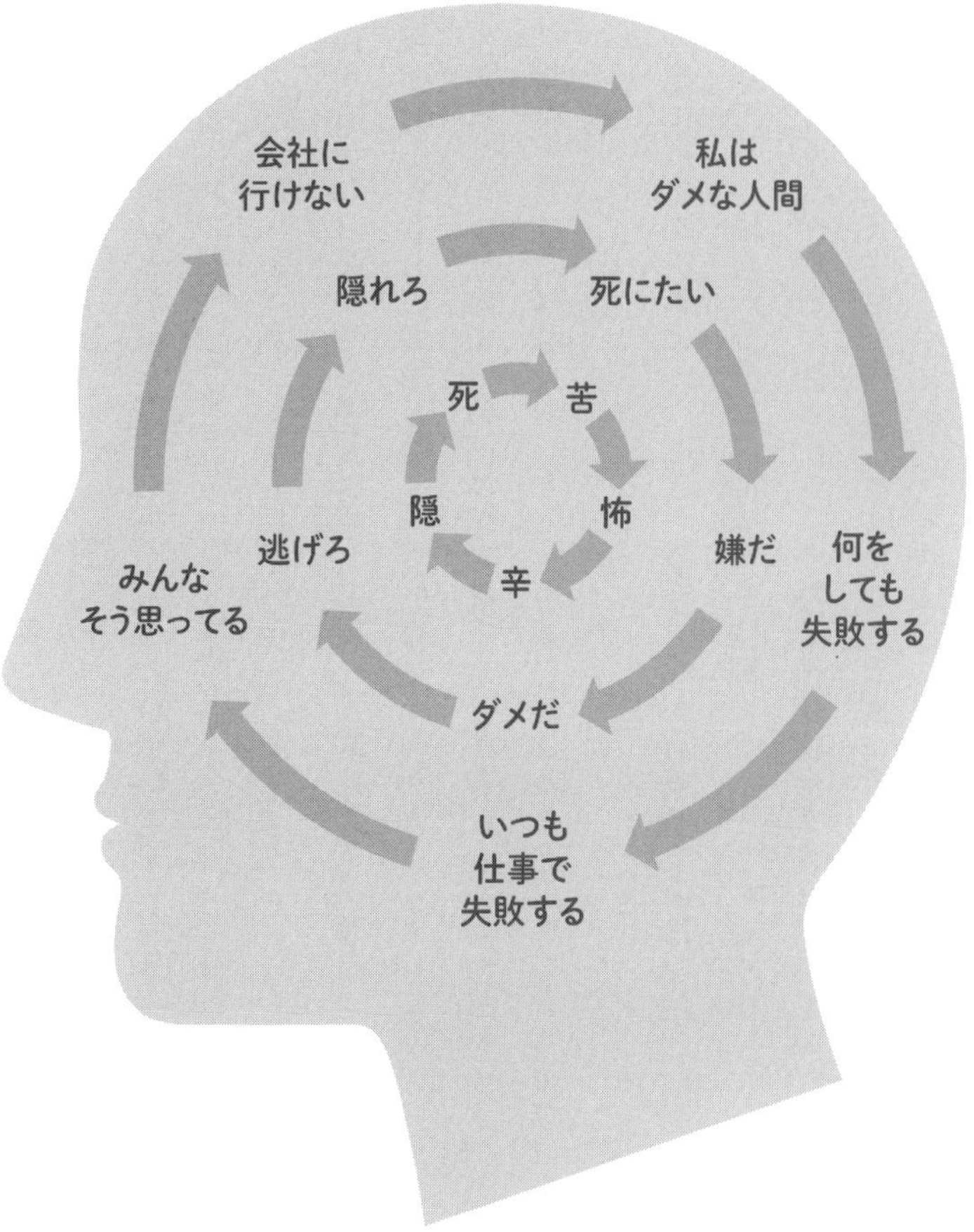
会社に
行けない
私は
ダメな人間
隠れろ
死にたい
死
苦
隠
怖
逃げろ
嫌だ
何を
しても
失敗する
みんな
そう思ってる
辛
ダメだ
いつも
仕事で
失敗する

精神疾患の発症可能性

精神疾患は、誰でもかかり得るものだと言われています。厚生労働省の資料によれば、平成29年（2017年）、精神疾患で病院に通院・入院した人の数は、約419万人にのぼります。決して少ない数ではありません。

平成14年（2002年）に精神疾患で通院・入院した人の数は258万人でしたので、この15年で約160万の増加となり、実に日本人の30人に1人という割合であり、5人に1人が生まれてから死ぬまでの間に精神疾患にかかるとも言われています。このように考えると、精神疾患は実は私たちにとって普通に起こることだといえるのではないでしょうか。

精神疾患に対する治療については、最近では、治療薬や新たな認知行動療法なども開発され、病気からの回復が十分に期待できる状況になってきています。たとえば、統合失調症になって、幻覚や幻聴が聞こえるような陽性症状が顕著に表れていた人でも、ほとんど薬を飲まないで職業生活を送れるようになる人もいます。治療には長期にわたる服薬が必要とされていますが、徐々に減じていくことで、ほとんど薬を必要としない状況まで回復

◉精神疾患を有する総患者数の推移

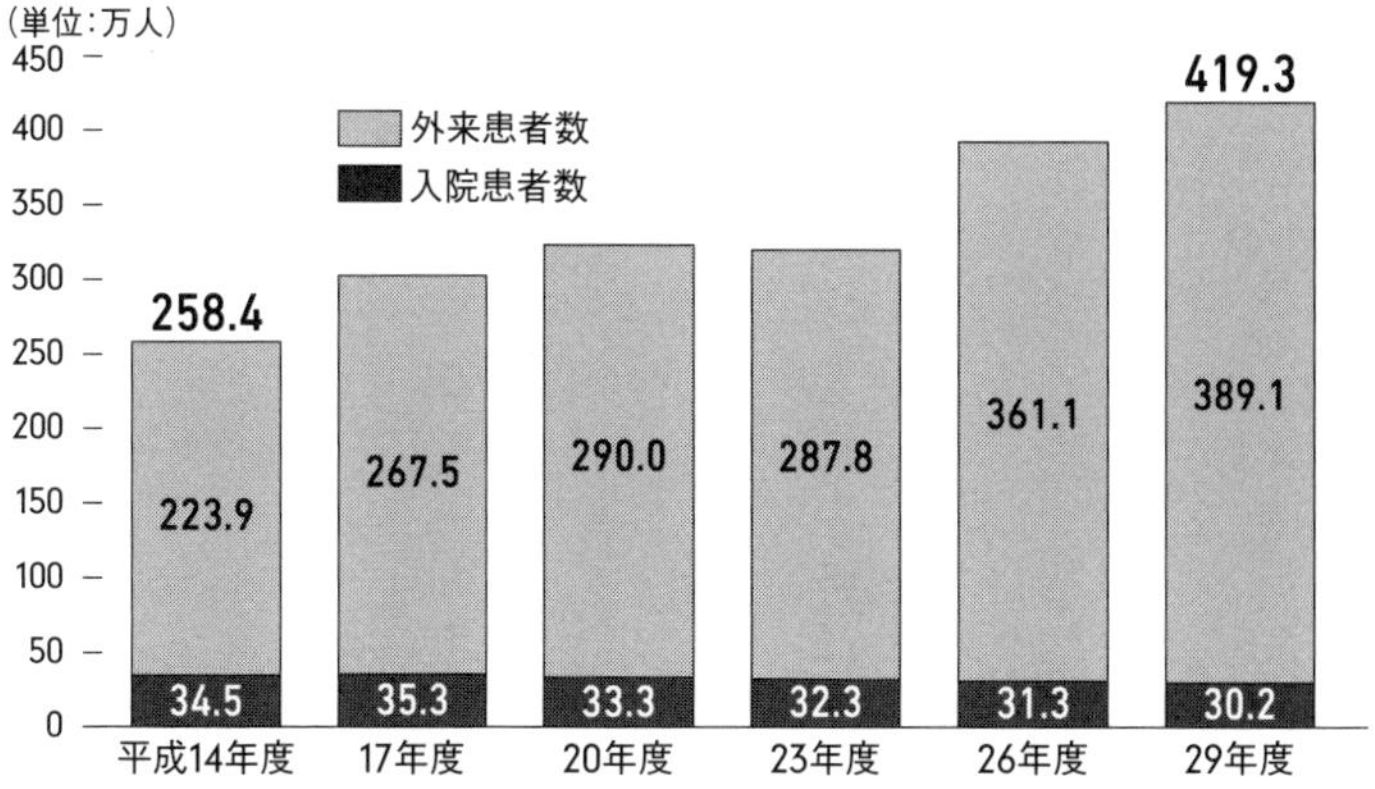

○精神疾患を有する総患者数は約419.3万人【入院:約30.2万人、外来:約389.1万人】
※うち精神病床における入院患者数は約27.8万人

○入院患者数は過去15年間で減少傾向(約34.5万人→30.2万人【Δ約4万3千人】)
一方、外来患者数は増加傾向(約223.9万人→389.1万人【約165万2千人】)

出典:厚生労働省障害保健福祉部資料

している人もいます。特に最近は、効果が高く副作用も少ない薬が開発されており、回復の可能性も高くなってきています。

一方で、精神疾患については、周囲の人が「それは病気ではなく、一時的な不調だ」「頑張れば乗り越えられる」「薬など必要ない」などと考えると、再発の危険性が高まります。精神障害者は、「苦しい」「辛い」と思っていても、誰にどのように相談したらよいのか悩んでしまい、うまく支援を求められず、そのまま1人だけで悩んでいるというような事例がよく見られます。そのような状態に陥っていることに周囲の人

◉精神疾患を有する外来患者数の推移(疾病別内訳)

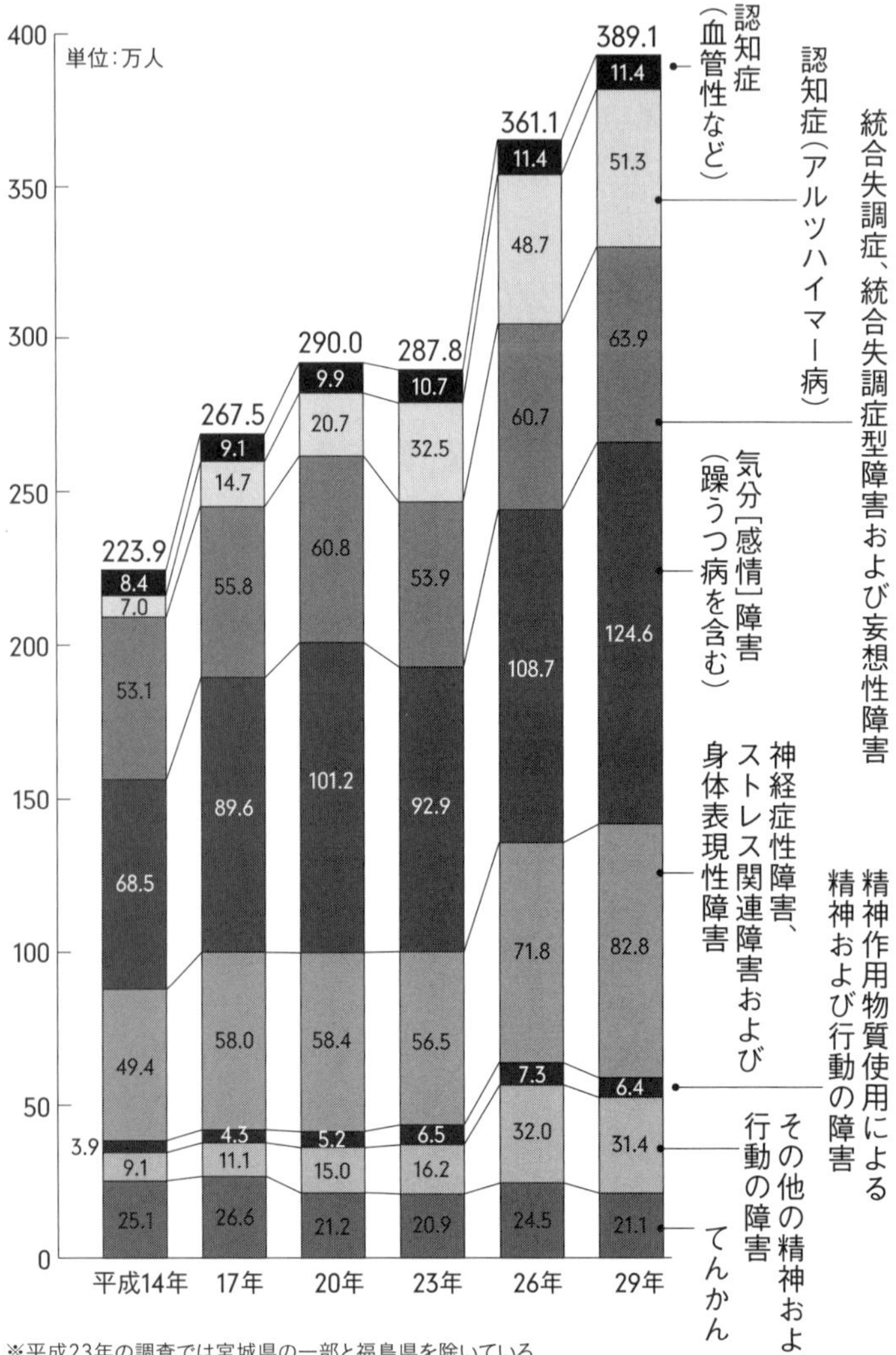

※平成23年の調査では宮城県の一部と福島県を除いている
出典:厚生労働省障害保健福祉部資料

は気づかないまま、知らず知らずのうちに傷つけてしまったり、無理なことをしたり、させたりすることが長期化し、再び病状を悪化させるといったことも起こりやすくなります。

こういった精神疾患の再発を予防するために、職場においては、状態を確認するために定期的に面談を行うことや、本人が話しやすい関係性を築いていくことが重要なポイントになります。

精神疾患の症状

では、精神疾患になると、どのような症状が表れるのでしょうか。さまざまな症状について少し整理をしてみましょう。

精神疾患になると、さまざまな身体面の症状や心理面の症状、生活・行動面の変化が表れます。

身体面の症状としては、疲労・全身倦怠感、動悸・めまい、頭痛、不眠、食欲不振などの症状が表れます。これらの症状は、比較的初期から表れることが多いと言われていますが、健常者が日常生活の中で普通に体験するような症状でもあります。

◉精神疾患の症状

身体面の症状	心理面の症状	生活・行動面の変化
疲労・全身倦怠感	憂うつ	生活の乱れ
動悸・めまい	不安・緊張	行動の変化
頭痛	怒り	自傷行為
不眠	幻聴	ひきこもり
食欲不振	幻覚	—

このような身体的な症状が何日も続き、心理的な症状と一緒に出てくる人もいますし、身体的な症状だけがとても強くなる人もいます。逆に、身体的な症状はあまり出ず、心理的な症状が中心の人もいます。

心理面の症状としては、憂うつや不安、緊張、怒り、幻聴、幻覚などが挙げられます。

これらの身体的な症状や心理的な症状が出ると、生活や行動の面でも変化が見られるようになります。生活の乱れの中で、特に多く見られるのが睡眠のリズムの乱れです。いわゆる夜型になってしまい一晩中起きていて、昼間は眠気が強く起きていられなくなってしまいます。また、攻撃的な行動が目立ったり、ひきこもりがちになるなどの行動が目立ったりという、行動面での変化が出てくることもよく見られる症状です。

さらに、自分自身が生きている意味がない、価値がないと考えるようになり、リストカットのような自傷行為に至ることも症状の1つです。

精神疾患の種類

こういった症状は、何かの原因と結びついている場合、その原因によって病名が付きます。何らかの環境からの影響で不安感や憂うつ感、緊張が高まり、何に対しても意欲の出ない状況が数週間にわたって続き、ひきこもり等の症状があると、うつ病の可能性がありです。ある時はとても元気で自信にあふれ、時に攻撃的な態度が表れたりしますが、そのあと突然憂うつな状態が長く続くような場合には、双極性障害（躁うつ病）という診断になるかもしれません。

いろいろな出来事に敏感になり、強い不安や緊張を感じ、現実とは異なる被害的な考えに囚われたり、思考が混乱したりして他の人からは理解できない言動が目立つようになっている場合には、統合失調症という疾患の可能性があります。

何かが気になって何度も何度も同じことを繰り返してしまう、たとえば、席を立って帰ろうとした時にノートの裏表を確認したり、家を出る時に窓や玄関の鍵を何度も何度も気にしたりといったこと、あるいは、手を洗うことが止められず、何度も何度も手を洗ってしまうという行為が継続して見られると、強迫性障害と診断されるかもしれません。

自分自身がどこにいるのか、今立っているのか座っているのか定かではなく、なんとなくふわふわした感じが時々起こるような場合には、解離性障害と診断されることがあります。自分でお酒の飲み方をコントロールできないことで怒りや不安、生活の乱れが生じている場合には、アルコール依存症と考えられます。睡眠が不安定で不十分である状態が続いていると睡眠障害に、過食あるいは拒食といった状態が続くと摂食障害という診断になることがあります。

他にも、適応障害、パニック障害、社会不安障害などの診断名もよく見られます。たとえば過呼吸や強い不安感・恐怖感から、うずくまって動けなくなってしまい、誰かの助けがいるような状態になっているのであれば、パニック障害の「パニック発作」と呼ばれるような状態になっているのかもしれません。ＰＴＳＤ（心的外傷後ストレス障害）というのは、何らかの強烈なショックを体験したり強いストレスに晒された人が、時間が経って

◉精神障害の種類

疾病分類	疾病名
気分障害	●うつ病　●気分変調障害　●双極性障害
統合失調症	●統合失調症
不安障害	●適応障害　●強迫性障害　●社会不安障害　●パニック障害
その他	●解離性障害　●PTSD　●睡眠障害　●認知症 ●摂食障害　●依存症　●性同一性障害　●てんかん ●パーソナリティ障害

からも、それらの体験を思い出したり、強い恐怖心を感じたりすることです。たとえば、両親からの虐待や学校でのいじめ、災害時の強いストレスなどのトラウマティックな体験が、何かをきっかけに思い出され、その記憶や感情に囚われる状態に陥ってしまいます。

ここまで整理してきたとおり、精神疾患には、さまざまな原因や症状があり、個々の精神障害者が、それぞれの抱えている障害にどうやって向き合っていこうかと思い悩んでいます。

精神障害者を受け入れる職場の人たちは、これらの精神疾患についての知識をベースとして、共に働く人の障害についての理解を深め、後述する合理的配慮の提供など、職場の中での効果的なサポートにつながるよう役立てていただければと思います。

個人差の大きい「発達障害」

精神障害者保健福祉手帳の対象となる障害には、発達障害も含まれます。この節では、さまざまな発達障害について、少し掘り下げてみましょう。

発達障害の原因は先天的なものと言われることもありますし、環境上の危険因子がある場合に生じると言われることもあります。障害状況としては、認知障害を中心に多様です。すべての能力が障害を受けているというわけではなく、部分部分の障害が折り重なるような形で生活に影響を及ぼします。知的に障害のない人が多い一方で、行動の問題は幼少期からみられることが多いようです。発達障害の手帳取得者には若年者が多いと言われていますが、実際には30代、40代の人も手帳を取得することが多く、すでに就職している人の中にも増えてきています。

発達障害の分類

精神障害や発達障害については、米国精神医学会（ＡＰＡ）の「ＤＳＭ－５　精神疾患の診断・統計マニュアル」で分類や診断基準が定められています。これまでの発達障害という枠組み（図の①②③）は、神経発達障害という呼称に統合され、知的障害を含めて図の①～⑦の分類で整理されました。

①の自閉症スペクトラム障害に共通している特性として、社会的相互作用やコミュニケーションあるいは想像力の障害や、著しいこだわりがあることなどが示されています。自閉症スペクトラム障害の中には知的障害がある人も高度な知的能力を持っている人も含まれます。

②の注意欠陥多動性障害（ＡＤＨＤ）は、不注意さや多動多弁、衝動的な行動を取るなどの特性があります。このＡＤＨＤと診断された人の多くは、幼児期や児童期ぐらいまでに、このような行動特性が目立って見られますが、高校生や大学生くらいになってくると、徐々に適応的な行動が多くなり、注意欠陥・多動といった目立った行動は減ってきます。ただ、作業に集中できる時間には限界があることも多く、長く作業をしているとミスが出てきたり、疲れが出てきたりする特性が見られます。

③の特異的学習障害は、文字の読み取りや書き取り、あるいは計算などの知的能力のうち、

◉神経発達障害の分類

出典：日本精神神経学会（日本語版用語監修）、高橋 三郎・大野 裕（監訳）『DSM-5　精神疾患の診断・統計マニュアル』、p.31-85、医学書院、2014年より作成

特定のものの習得と使用が、著しく苦手であるという障害特性があります。ひらがなは読めるが、漢字を読んだり書いたりするのがとても苦手だという人や、小学校の頃から計算が苦手で、作業の中で計算が必要になるととても辛くなるといった特性を持つ人もいます。

これらの障害特性に関しては、いろいろな補い方が工夫できます。漢字の読みが苦手であれば、ひらがなのルビを振れば読み取れますし、漢字を書くことが苦手であれば、パソコンを使って漢字を調べながら入力すれば、多少時間はかかりますが、書くことができます。また、計算が苦手であれば、電卓を使ったり表計算ソフトを使ったりすることで乗り越えることができます。

その他、コミュニケーション障害や運動障害に該当する障害についても発達障害の範囲に含まれます。

潜在的な発達障害者の存在

2022年に文部科学省が行った調査によれば、小・中学校児童生徒の中で、知的発達に遅れはないものの学習面または行動面で著しい困難を示すとされた児童生徒の割合は、推定値で8・8%となっています。つまり、100人に8〜9人ほどは、教育上の特別な支援を必要としていることになります。この結果は、今後、発達障害に該当し得る人が労働人口の8〜9%程度となる可能性を示しています。すべての人が、成人するまで学習面や行動面で著しい困難を抱え続けるわけではないでしょうが、仮にその半数近くが職場でも困難を示す可能性があると考えると、100人に4人くらいは発達障害者として、職業生活を送ることになるかもしれません。

このように考えると、2・3%という現在の民間企業の障害者法定雇用率は、今後の改定の中で、さらに大きなパーセンテージへと移行する可能性も検討しておく必要がありそうです。なお、障害者法定雇用率は令和5年度においては2・3%で据え置き、令和6年度から2・5%、令和8年度から2・7%と段階的に引き上げられます。

事故や病気による「高次脳機能障害」

高次脳機能障害は、事故や病気によって脳にダメージを受けたことが原因で、脳の認知的機能が部分的に低下する障害です。原因はいろいろあります。たとえば、事故であれば、交通事故やスポーツ事故、転落あるいは落下物による脳挫傷などが挙げられます。また、病気であれば、脳血管疾患や脳梗塞、低酸素脳症などによる脳へのダメージが原因となることもあります。このような事故や病気による中途障害として、身体に障害が残る人もいれば、脳の機能（認知）の障害のみの人もいます。受傷（発症）の時期は、乳幼児期から老齢期まで幅広い時期が対象となります。

高次脳機能障害は、脳のどの部位を受傷したかによってさまざまな障害が表れます。たとえば、左脳の側頭葉にダメージを受けると言語の機能に、後頭部にダメージを受けると視知覚の機能に障害が表れることがあります。脳全体が揺さぶられたり圧迫されたりすると、考えたり、計画したり、計画を実行したりする機能に障害が表れることもあります。また、新しいことを覚えたり、前日の出来事を思い出したり、作業上必要な複数の情報を覚えておいたりすることに障害が表れることもあります。

このような認知障害は、疲労やストレスの影響を受けやすく、長い時間作業を続けたりすると、急に頭が真っ白になって次にすることを思い出せなくなったり、さっきまで正確にできていたことなのにミスをしたりしてしまいます。自分では、きちんと作業をしているつもりでも、脳が疲労してくるとこのような状態に陥ってしまうのです。

このような障害状況は人によって耐性も表れ方も異なりますので、一人ひとりの障害特性や得手不得手を見定めながら、仕事を選んだり、支援方法を考えたりしていくことが必要になります。

認知障害の特徴

精神障害や発達障害、高次脳機能障害などによる認知障害を持つ人は、職場の中でいつも一定の能力を発揮できる状態を維持できるわけではありません。作業時間の長さや作業の難易度、作業環境などと認知障害が相互に影響し、周囲から見ているだけでは分からない大きな変化が、一人ひとりの中で生じています。

彼らの中で起きている変化、感じている現実を理解しておくことは、私たちが職場で、どのような接し方をすればよいのか、合理的配慮がなぜ必要なのかを知る手がかりになるでしょう。

以下では、職場で生じがちな認知障害の特徴の表れについて、①感情などの障害、②社会性の障害、③高次脳機能の障害、④脳の疲れやすさ、⑤障害認識・障害理解の難しさに分け、一人ひとりが体験している障害をベースに整理してみましょう。

感情などの障害

認知障害のある人は、自分自身に生じるさまざまな障害の影響から、不安感や恐怖感、焦りや混乱、怒りや悲しみなどの感情を強く感じてしまうことがよくあります。このような感情は、一人ひとりの体験の中で強められ、周囲が考えている以上に生じやすく、本人を悩ませ苦しめ続けているかもしれません。

精神障害と感情

精神障害者は、疾病の過程で、周囲の人には聞こえない意地悪な幻聴や被害的な妄想、立ち直りようのない無力感などの症状を現実の出来事として体験し、大きな恐怖感や不安感を経験しています。この恐怖感や不安感が長く続き、日常生活を普通に送ることができなくなった経験が、再びそのような状況に戻ってしまうのではないかという不安感や恐怖感として、今も彼らを脅かしているかもしれません。

精神障害者は、真面目で何事にも真剣に取り組み、頑張りすぎたり、無理しすぎたりする傾向があり、この傾向が発病の要因の1つではないかと言われています。また、自分にとって大切な何かあるいは誰かを失ってしまった喪失体験や大きな失敗体験をきっかけに発病する場合もあります。発病すると、恐怖感や不安感、焦燥感、無力感、無気力感等を頻繁に感じるようになります。このような感情的な体験が、当初は特定のきっかけで生じ、やがてさまざまなきっかけで生じるようになります。最初は「ある出来事」がきっかけだったものが、誰かの視線や人混み、テレビから流れる言葉、他者の感情等の外的なきっかけへと増大し、さらに、動悸の変化や呼吸の乱れ、自分の思考、記憶などの内的きっかけへと深まっていくのです。

このような疾病の感情的な症状は、服薬治療の継続により改善されていくことが多いのですが、感情を誘発するきっかけがすべてなくなるわけではありません。疾病が再発する可能性に対する不安感・恐怖感をはじめとして、慢性的にネガティブな感情に陥りがちな状態が続いているかもしれません。また、過去に不安感や恐怖感を覚えた体験とよく似た出来事をきっかけに、感情が不安定になってしまうかもしれません。誰かの大きな声や感情的あるいは否定的な言動、ピリピリした雰囲気や誰かへの叱責を目にしたことなどが外的なきっかけになるかもしれません。さらに、それらの出来事で生じた、鼓動の変化や息苦しさなどが内的なきっかけとなり、感情の不安定さにつながることもあり得ます。このような感情の不安定さは、周囲からは分かりにくいかもしれませんが、多くの場合、精神障害者の作業能力にマイナスの影響を与え、ミスの発生や作業能率の低下へとつながっていきます。

発達障害と感情

発達障害の人は、幼少期から対人面で困難を抱えていることが多いと言われています。クラスの中で自分だけ先生の話している意味が分からない、皆についていこうと頑張っているけれど脳が疲労してしまって学習が進まない、落ち着きがなくなり、パニック状態になり衝動的な行動を取るなどの経験があり、集団の中にうまく適応できない経験や、場合によってはいじめを経験していることもあるようです。

このような経験の中で、彼らは徐々に自分の障害に気づき、認識し始めます。幸いにも近年、彼らの状況を理解し、配慮ある教育が得られるように環境が変わり、支援体制が整ってきており、本人も自分の抱える問題と向き合う努力ができるようになっています。

しかし、卒業し、就職すると、支援を受けられる保護的環境から、健常者と共に働く職場環境へと彼らを取り巻く環境が大きく変化することから、不安感、恐怖感を抱えているかもしれません。さらに職場で、過去の嫌な体験とよく似たきっかけ、たとえば、場に合わないことを話してしまい笑われたり、浮いてしまったりすることがきっかけになって、いじめの体験を思い出し、他者から向けられる言葉や態度を被害的に受け止めてしまったり、いじめられた時の感情を再び経験して不安定になってしまうかもしれません。

このような感情の不安定さがある状態で、苦手なことを懸命にこなそうと過集中な状態を長く続けてしまうと、脳の疲労が著しくなり、ミスなく作業を継続することができなくなるような状況になっていきます。

高次脳機能障害と感情

高次脳機能障害の人は、受傷部位にもよりますが、前頭葉の機能に障害が生じると、感情の統制が困難になることがあります。また、受傷前にはできていたことがうまくできなくなったという体験や、頑張ってなんとかできるようになったのに、脳が疲労するとまたできなくなるという状態を経験することも多く見られます。

このような障害による自分の状態の変化をうまく受容できず、怒りや焦り、これからどうなるのだろうかといった不安や恐怖などを感じているかもしれません。さらに、天候の悪化などの急激な環境の変化によって、頭痛やだるさ、頭の重さなどが生じ、考えることも動くこともできないという状態になることもあります。

職場におけるサポート

このような感情の表れや身体感覚の悪化は、職業上の課題、職場適応上の障害となってしまいます。

過去のトラウマティックな体験による影響を最小限に留めるためには、彼らに誤解されるような言動を行わないよう職場で配慮することが必要です。また、過去の嫌な体験やそのきっかけが、職場の中での緊張感や指示・注意と似ていたとしても別のものであることを丁寧に伝えることも効果的かもしれません。さらに、彼らがこの違いに気づき感情に飲み込まれることなく、職場に適応し成長していくための適切なストレスとして受け止めることができるようサポートしていくことも、有効なアプローチと言えるでしょう。

とはいえ、このようなサポートの実現には、障害者に対する専門的な支援技術が必要となります。社内だけで実現が難しい場合には、就労移行支援機関等の外部からのサポートを使うことも1つの選択肢となるでしょう。

社会性の障害

発達障害の中でも自閉症スペクトラムに含まれる人の場合には、「社会性の障害」と言われる障害特性が見られることがあります。社会性の障害は、対人的な場面での行動に特徴があります。たとえば、他者とのつきあい方が独特で、集団の中では浮いてしまいがちであったり、社会的ルールの理解がうまくできず、正直に「本当のこと」を言葉にしがちであったり、いわゆる場面ごとの「暗黙のルール」を読み取ることができず、場に合わないふるまいをしたりすることを指しています。

このような社会性の障害は、相手の立場に立つことがうまくできないことから生じていると考えることができます。

「視点の転換」の難しさ

社会性の障害のある人は、自分自身の視点に立って考えたり話したりすることはできるのですが、相手の視点や立場に立って考えたり言葉を選んだりふるまい方を調整することが苦手です。そのため、相手に合わせてもらって成り立っているような一方的なつきあい方や関係性になってしまったり、相手の気持ちを思いやることができず、事実のみを言葉にしてしまったり、周囲からどう見えるのかを考えることができず、自分のやっていることに夢中になったりしてしまいます。このような障害があると、周りの人がどのような配慮をしながら自分に声をかけているかということに、気づいたり理解したりすることができず、いつも自分が責められているように感じてしまうことがあるかもしれません。

このような「視点の転換」の難しさの表れは、周囲の人には少し奇異に感じる行動と映るかもしれません。これらの行動は、一つひとつはそれほど大きな問題になることはありませんが、何度か積み重なると受け入れがたく感じられ、職場定着の阻害要因の1つとなる可能性があります。

職場におけるサポート

こうした問題が職場で見られる場合、それは必ずしも「視点の転換」の問題であるとは限りません。たとえば、自分の作業の確認を大きな声でしてしまったり、ミスした時に大きなリアクションを取ってしまったりするような場合、彼らは自分の作業をミスなく実行できるよう注意を向けることに精一杯で、周囲の様子に注意を向けることが難しい状況にあるのかもしれません。これは彼らが注意を向けることができる範囲が限られていて、彼らを取り巻くさまざまな情報に注意を振り分けて、周囲に配慮することができなくなっていると考えられます。そのような場合には、自分の目の前のことに継続的に注意を集中する時間と、周囲の出来事に注意を振り分ける時間とを、しっかり分けることを練習するためのサポートを行うなど、注意の向け方について学ぶ機会を設けることも1つの方法です。

こうした支援は、すぐに効果が表れるとは限りません。自分のどのような行動が誰の目から見てどう見えるのか、その行動が周囲にどのような影響を与えるのかなどについて、根気強く丁寧に、かつ自分で考えるよう促していくサポートが必要となります。

とはいえ、そのようなサポートにもまた、障害者の支援についての専門的な知識や技術が必要です。感情の障害への対処と同じように、社内だけで解決しようとするのではなく、外部の専門機関を活用することも視野に入れ、検討することも1つの方法です。

高次脳機能の障害

精神障害や発達障害、高次脳機能障害の障害部位は脳にあります。脳の何らかの機能が、脳のどこかの部位で障害を受けているのです。脳が障害を受けると、さまざまな認知障害が生じます。

認知障害の高次脳機能の障害の中から、精神障害や発達障害にも見られがちな、注意の障害、ワーキングメモリーの障害、遂行機能の障害、言語機能の障害について、見てみましょう。

注意の障害

注意の障害があると、注意を一点に集中させ続けることがとても難しくなることがあります。たとえば、数字の照合作業を行っている時に、自分では照合する数字に注意を向けてチェックしているつもりが、30分ほど作業を続けていると、ほんの一瞬、自分では気づかないうちに注意が疎かになり、数字の誤りを見落としてしまうことがあります。

あるいは、注意を複数のことに分散して作業することが難しくなる場合もあります。たとえば、電話をしながらメモを取ろうとして、電話の相手の言葉に注意を向けるとメモを書くことができなかったり、メモを書いていると相手の言葉を聞き逃したりしてしまいます。このような経験を何回か繰り返したものの、自分で改善することがなかなかできず、徐々に電話を取れなくなっていきます。

このような注意の障害の表れは、周囲からは仕事を真剣に行っていないとか、嫌な仕事を避けているように見えますが、本人の中ではうまく対処できなかった経験が根を張り、萎縮し不安感が増して消極的なふるまいになってしまっているのかもしれません。

ワーキングメモリーの障害

ワーキングメモリーの障害は、作業をする時に一定の情報を頭の中に置いておく「ワーキングメモリー」と呼ばれる一時的な記憶の容量が、何かの作業を行おうとした瞬間に小さくなってしまい、覚えておいたはずの情報が引き出せなくなる状態です。

ワーキングメモリーの障害は、高次脳機能障害の人にはよくみられる症状であり、作業遂行上の大きな課題の1つになります。たとえば、経費精算書などの書類をパソコンで作成する場合には、入力する日付や内容・金額などを見て覚え、画面に入力していきますが、ワーキングメモリーの障害があると、入力しようとした瞬間に覚えたはずのことが思い浮かばず作業が止まってしまいます。その結果、たった1日分の入力に、何度も書類と画面を行ったり来たりして確認する必要が生じ、作業に時間がかかってしまうことになります。

このようなワーキングメモリーの障害の表れは、周囲からはいつも仕事の途中で手を止めてサボっているとか、作業がとても遅いように見えてしまいます。しかし、本人の中では、思い出せないことに動揺しながらも、精一杯ミスがないように努力しているのかもしれません。

遂行機能の障害

遂行機能の障害は前頭葉の脳機能の障害であると考えられています。高次脳機能の障害の中でも、最も高い次元の認知機能の障害で、自分で目標を考えて計画を立てたり、計画どおりに実行したり、効果的なやり方かどうかを検討したりする機能の障害を言います。

これは、たとえば病院で入院生活をしている間や自宅で生活をしている間、就職を果たすために訓練をしている間などには、なかなか問題として明確にはなりません。実際に職場に入ってから、自分自身の行動目標や行動計画の立案を求められたり、ある仕事の段取りをする必要が生じたり、作業の終了見込みを立てて報告することが求められたりした時に、どうしてもうまくできず混乱してしまうといったような形で、初めて顕在化するのです。つまり、遂行機能の障害は、実際に職場に入ってから改めて気づかされる障害特性なのです。そのため、本人にとってはショックも大きく、受け止めきれない気持ちと受け入れなければならない気持ちがせめぎ合う、苦しい時期が生じることになるかもしれません。

言語機能の障害

左脳の言語野がダメージを受けると、人の話す言葉がうまく理解できなかったり、言葉がうまく出てこなくなったりする言語機能の障害が生じることがあります。人の話す言葉がうまく理解できない場合には、本人には人が話す言葉がまるで外国語を聞いているように感じられたりします。また、言葉がうまく出てこなくなっている場合には、話したいことの内容は頭の中に浮かんでいるのに、適切な言葉が思い浮かばず、とても歯がゆく感じたりします。自分の頭の中では思考や判断はできるのに、耳から聞こえる言葉がうまく理解できない、適切な言葉で伝えることができないといった不全感や焦燥感を抱いているかもしれません。

他にも、新しいことを覚える、あるいは人の名前を思い出すといったことが苦手となる記憶の障害、数的処理などの複雑な情報処理が苦手になるなどが、高次脳機能の障害として挙げられます。

障害の理解とサポート

これらの高次脳機能の障害は、当初、周囲の人も本人自身も「当然できるはずだ」と考えていた能力に起きたものですので、その能力が損なわれていることに気づいた時、本人もショックを受けるかもしれません。職業生活で、あるいはどんな作業で、これらの障害がどう影響してくるのかは、実際に作業を行いながら確認していくことになります。

また、一旦できるようになった作業でも、脳の疲労によって、再び混乱したりミスが出たりすることもあります。多くの人が高次脳機能の障害の表れを、気持ちや態度の問題と捉えがちですが、実際は違います。周囲からの注意や叱責は、「自分の頑張りが足りないのだ」という思いを強め、努力してもうまくできないという経験を積ませることになり、本人を混乱させたり焦らせたりして、より障害の影響を受けやすくさせてしまいます。これらの障害に対しては、本人の気持ちにも配慮をしつつ、障害の影響を軽減するための適切な対処方法、補完方法を検討し、実践につなげていくようサポートすることが必要です。サポートの詳細については、第4章の「職場定着の支援」（166頁）を参照してください。

脳の疲れやすさ

認知障害がみられる場合、脳の一部の機能が低下していて、うまく機能しない部分があると考えられます。一方で、脳は低下した一部の機能を補うために、脳の他の部位を使うことができるようになる「脳の可塑性」と呼ばれる特徴を持っています。「脳の可塑性」を機能させるには、脳のどこかで低下した機能を再学習する必要があります。認知障害がある場合には、このような再学習を傷ついた脳の中で複雑に処理しながら、作業や問題に対処しているということになります。つまり、認知障害のある人は、自分自身では気づかないうちに、普通の状態の脳であれば簡単に処理できることを、脳のさまざまな部分を一生懸命使って問題解決にあたろうとしている状況にあると考えることができます。

そうすると、どうしても脳は疲労しやすくなります。脳という臓器は、人間の身体の中で最もエネルギーを消費する臓器です。たくさんのエネルギーを消費すればするほど脳は疲労していくことになります。脳が疲労すると、当然作業や仕事に影響してきます。特に、認知障害がある人の場合、緩やかに作業能力が低下するのではなく、パタッと電池が切れたかのように、うまく作業ができなくなる状態が表れてくるという特徴があります。

認知障害の人がこのような状態に陥らないようにするためには、やみくもに作業を続けるのではなく、ある程度疲労回復が可能なだけのエネルギーを残しながら疲労回復の方向へ切り替える、つまり「休憩を取る」ということが、必要不可欠なのです。

障害認識・障害理解の難しさ

これまで見てきたように、認知障害というのは、周囲から見て分かりにくいだけではなく、精神障害者本人にとっても非常に分かりにくい障害です。障害認識・障害理解の難しさは、さまざまなリハビリテーションの過程で徐々に乗り越えられていくことが多いのですが、これは非常に多くの努力を要する、大変な学習過程でもあります。自分自身でも気づいていない認知障害が、さまざまな場面で影響を及ぼし、ミスや作業速度の低下などの形で目の前に表れます。以前にはできていたことがうまくできない、さっきまでできていたのに急に混乱する、などのような自分の状態の変化に晒されるのです。

当初、このような状態の変化への気づきは、障害者本人を動揺させることが多いのですが、変化に対する具体的な対処方法について助言を得たり、自ら発見することができたりすると、動揺は収まっていきます。さらに、具体的な対処方法を身につけていくことで、徐々に自分の障害に対して積極的に対応していこうという態度を持てるようになるのです。

認知障害の表れに対する具体的な対処方法は、障害者自身の力だけで発見できるとは限りません。職場において、より合理的で効果的かつシンプルで分かりやすい対処方法や作業上の工夫を一緒に考えるというサポートが、障害認識・障害理解の困難を克服するための重要な支援となります。

障害とメンタルヘルス

障害者のメンタルヘルスの問題は、健常者とどのようなところが異なるのでしょうか。

2014年6月の労働安全衛生法の改正により、事業主は、従業員のメンタルヘルス対策を行うことが義務付けられました。この改正により、一般の従業員だけでなく、障害のある従業員に対してもメンタルヘルス対策を行う必要があります。しかし、障害のある従業員に対して、一般の従業員と同じようなやり方で、メンタルヘルス対策を行っておくだけで十分だと言えるでしょうか。それを検討するには、障害者のメンタルヘルスの問題について考えてみることが必要でしょう。

たとえば聴覚障害、視覚障害、下肢障害、車いす利用者などさまざまな障害を持つ人がいますが、障害者は自身の障害そのものからさまざまなストレスを受けています。

身体障害者の場合、耳から入ってくる情報が制限されて周囲から孤立しがちであったり、目で見える情報が制限されて通勤などの移動時に危険を感じることが多かったり、移動するのに著しい制限があり他者の援助を必要としたり、生活していく上でたくさんの時間を自分自身の身体のケアに使わなければならなかったりします。日々の生活を送るだけでも、相当な困難を抱えていることになります。

一方、精神疾患を持つ精神障害者の場合は、常に自分自身が孤立していると感じたり、ストレスや不安・恐怖に晒されることで不安定になったり、健常者との違いに気づく度に落ち込んだり、時には周囲の心ない対応に悲しんだり、怒りを覚えてしまうような状況に陥ることもあります。また、彼らは日々の服薬を欠かすことができません。一旦服薬を怠ると、脳の状態が不安定になり症状が再燃しやすくなって、病の再発につながってしまうからです。定期服薬を守り、日々病と共に生活していかなければならないという状況も、継続的なストレスとなっています。

このように日常生活そのものの中に、たくさんのストレスを抱えていること、これが障害者の現実です。

障害者が働く場合には、そうした日常生活上のストレスに加えて、職業生活上のストレスが降りかかります。ノルマや納期、残業など、一般の従業員と同じように職業生活上のストレスに晒されることになります。また、障害による日常生活上のストレスを知らない周囲の人たちとの人間関係に悩んだり、必要としている合理的配慮についてうまく伝えられず孤立感を感じたりということも、体験しています。

もともと障害という大きなストレスを抱えている上に、職場に出ることで、より多くのストレスが降りかかってくるという状態が、障害者の職業生活の実態です。

このような背景から、障害者のメンタルヘルスは、一般の従業員と比較するとより悪化しやすい状態にあると考えられます。障害を理由とした合理的配慮がなされ、何らかの方法での負担軽減があったとしても、配慮を受けている障害者の心の中では、ホッとした気持ちと、特別な扱いを受けていることへの後ろめたさの両方が生じているかもしれません。

障害により、メンタルヘルスの悪化につながる要因がどんどん増えていくことが予想されるのであれば、障害のある従業員に対するメンタルヘルス対策は、一般の従業員と同じことをしていれば十分であるとは言えません。より丁寧で、より具体的かつ予防的なメンタルヘルスサポートを的確に提供することが必要になってきます。精神障害者の職場への定着を促す企業側の具体的なサポートについては、第4章の「職場定着の支援」（166頁）をご覧ください。

コラム❶

社内での障害者手帳所持者確認のためのガイドライン

障害者雇用率制度や障害者雇用納付金制度の適用に際して、各事業主は雇用している障害者の人数、障害種別、障害程度等を把握し、報告書に反映することが求められます。そのため社内の雇用状況については正確な把握が必要となります。ところが、障害者の中には、障害者手帳を所持してはいるけれど、事業者側に伝えずに働いている人もいます。特に精神障害者については「障害者の雇用の促進等に関する法律」(障害者雇用促進法)で、企業の実雇用率の算定対象とする改正が施行されたのが、2006年からと比較的最近であるため、このようなケースが多いと言われています。

社内での雇用状況の正確な把握の1つの手段として、障害者手帳所持者の確認を実施することが挙げられます。実はあまり知られていないのですが、その方法について厚生労働省から「プライバシーに配慮した障害者の把握・確認ガイドライン」が出されています。

ガイドラインでは、社内での障害者手帳所持者を把握・確認する場合、原則として雇用する労働者全員に対してメールや書類の送付や配布などにより、画一的な手段で申告を呼びかけることとしています。

例外として、障害者である労働者本人が、自身の障害について企業に対して申し出て、職場における合理的配慮や社内支援制度の活用を求めるなどした、自発的に提供した情報を根拠とする場合は、個人を特定して障害者手帳等の所持を照会することができるとしています。

なお把握・確認にあたっては禁忌事項もあります。社内の手帳所持者の把握・確認にあたって、どのような場合であっても行ってはならない行為は次のとおりです。

●利用目的の達成に必要のない情報を取得すること
●労働者本人の意思に反して、障害者である旨の申告や、手帳の取得を強要すること

●障害者である旨の申告または手帳の取得を拒んだことで、労働者を解雇したり、その他の不利益な取り扱いを行うこと

●産業医等の医療関係者や企業において健康情報を取り扱う者が、障害者雇用状況の報告、障害者雇用納付金の申告、障害者雇用調整金または報奨金の申請の担当者から、労働者の障害に関する問い合わせを受けた場合に、本人の同意を得ずに情報の提供を行うこと

「従業員が障害者であることを企業側が把握していない」ということを避けるため、ガイドラインに沿って社内の手帳所持者の確認を定期的に実施することが望ましいでしょう。

Chapter 2

障害者雇用政策の動向

精神障害者の就業状況

71頁の表は、厚生労働省が発表した平成24年（2012年）から令和4年（2022年）の公共職業安定所（以下、「ハローワーク」という。）紹介による障害種別ごとの就職件数を示しています。

平成24年以降、ハローワーク紹介による就職件数は一時、コロナの影響もあり減少しましたが増え続けています。障害別の内訳を見ると、平成24年の段階では、身体障害者が精神障害者の就職件数を上回っていましたが、平成25年（2013年）から逆転し、精神障害者が身体障害者の就職件数を上回り、徐々にその差が大きくなっています。現状ではハローワークを通じた障害者の就職件数の中で、精神障害者が最も多く就職をしています。

一方で、身体障害者および知的障害者の就職件数に着目すると、令和に入ってからはほぼ横ばいの傾向が続いています。この傾向からみても、今後、身体障害者および知的障害者の就職件数はそれほど大きく増えることはないと考えられます。

このように障害種別の就職件数を見ると、全体には大きな増加傾向にありますが、その

◉ハローワーク紹介による障害種別就職件数

（単位：件）

	平成24年	平成25年	令和元年	令和2年	令和3年	令和4年
合計	68,321	77,883	103,163	89,840	96,180	102,537
身体障害者	26,573	28,307	25,484	20,025	20,829	21,914
精神障害者	**23,861**	**29,404**	**49,612**	**40,624**	**45,885**	**54,074**
知的障害者	16,030	17,649	21,899	19,801	19,957	20,573
その他の障害者	1,857	2,523	6,168	9,390	9,509	5,976

出典：2023年5月31日　厚生労働省報道発表資料を基に作成

多くは精神障害者の件数が、全体の増加に寄与していることになります。

73頁に、厚生労働省が発表した障害種別新規求職者数の推移を示しました。この図から見ると精神障害者の新規求職者数は大きな上昇トレンドにあり、この12年ほどの間に7万5千人万人近く増加し、伸びとしては2・5倍超になっています。また、平成26年（2014年）には、身体障害者と精神障害者の数が、新規求職者数においても逆転していることが分かります。

一方で、身体障害者の新規求職者数は、平成23年（2011年）まではほぼ横ばいで推移しておりましたが、平成24年からはおおむね減少傾向が続いています。知的障害者の数については、平成23年以前より徐々に増加していますが、ほぼ横ばい状態となっています。

今後も、身体障害者や知的障害者の新規求職者数は大きく増加することはないと考えられます。一方で、精神障害者の新規求職者数の増加傾向は鈍化しておらず、年間7千人から1万人近い人数で増加していくと考えられます。

このような状況から、今後、企業が障害者雇用を進めていく場合には、対象とする障害種別は精神障害者を主軸として考えていく必要があるでしょう。

◉障害種別新規求職者数の推移

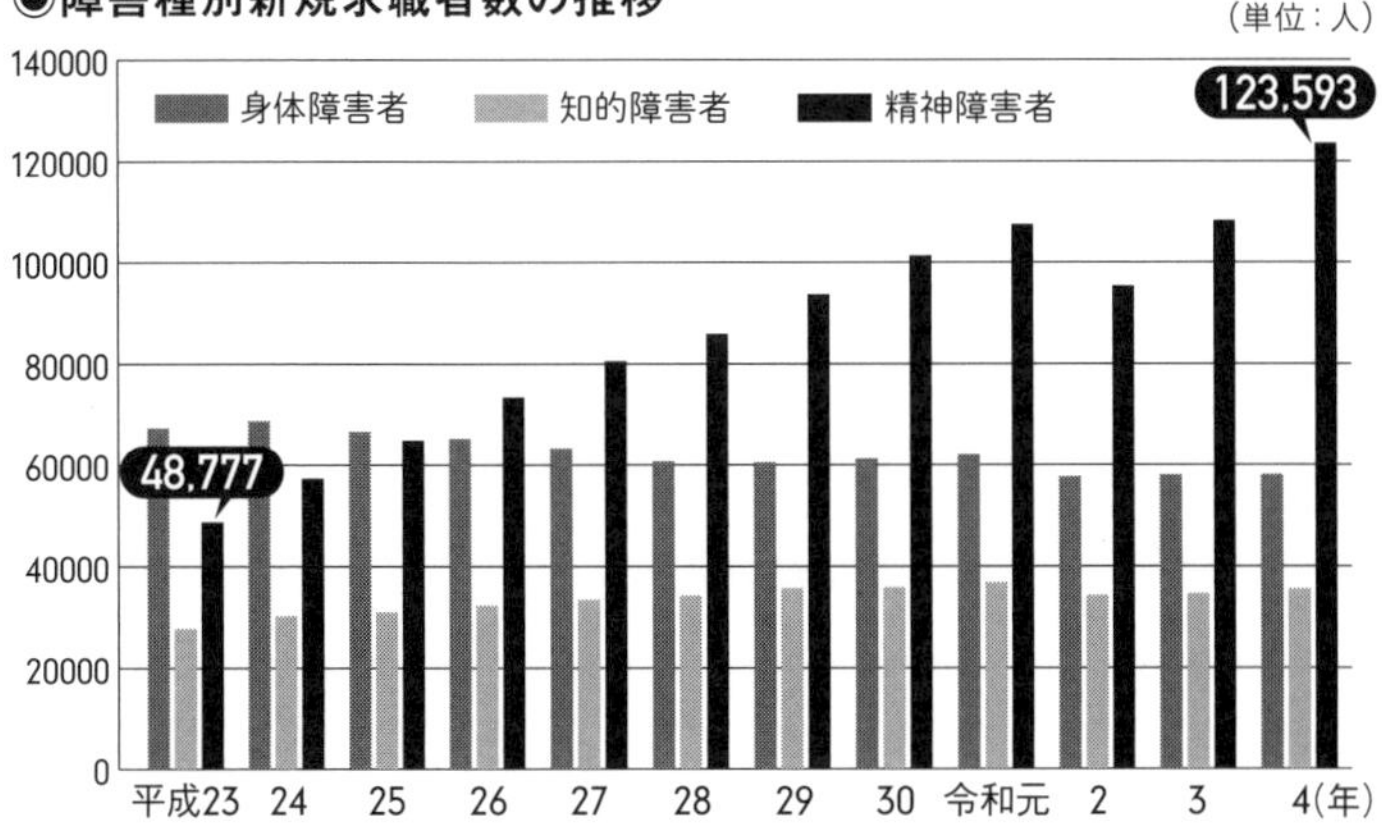

出典：2023年5月31日厚生労働省報道発表資料を基に作成

精神障害者の雇用企業数の変化

75頁の表に、平成18年（2006年）、平成24年（2012年）、平成27年（2015年）の障害者雇用状況報告における障害種別の状況を示しました。この調査の結果では、平成18年に障害者を雇用していた企業は全体の63・7％となっていましたが、平成27年には68・6％へと増加しています。障害種別の中でも、精神障害者を雇用している企業の伸びは大きく、平成18年から平成27年にかけて10倍近くにまで増加しています。

この結果は、企業側が精神障害者の雇用に対しても門戸を開き、他の障害種別と同じように取り組みを始めていることの表れと考えられます。令和に入ってからの精神障害者の就職件数の増加を考慮すると、平成27年以後も雇用企業数は増加していると考えられます。

雇用義務化への変遷

障害種別に雇用義務化への変遷をふり返ってみましょう。2018年の精神障害者の雇

◉障害者雇用状況報告における障害種別の状況

	平成18年		平成24年		平成27年	
	企業数（社）	aに占める割合（%）	企業数（社）	aに占める割合（%）	企業数（社）	aに占める割合（%）
報告企業数(a)	67,168	–	76,308	–	87,935	–
身体障害者を雇用している企業数	39,448	58.7	46,037	60.3	52,376	59.6
知的障害者を雇用している企業数	10,082	15.0	14,799	19.4	19,043	21.7
精神障害者を雇用している企業数	1,496	2.2	7,846	10.3	13,950	15.9
（参考）障害者を雇用している企業数	42,765	63.7	51,509	67.5	60,321	68.6

※数値はいずれも6月1日時点のもの。
※障害者雇用状況報告においては、企業規模56人以上の企業を報告対象としている。
※障害者は週の所定労働時間が20時間以上である者（平成18年は重度以外の身体障害者および重度以外の知的障害者である短時間労働者である者を除く）のみを報告対象としている。

出典：2016年11月21日厚生労働省労働政策審議会障害者雇用分科会資料

用義務化に先立って、1997年に知的障害者の雇用義務化が実施されています。さらに遡ること10年前の1987年には、「身体障害者雇用促進法」を「障害者の雇用の促進等に関する法律（以下、「障害者雇用促進法」という。）」に改め、知的障害者を実雇用率へのカウント対象とする変更がなされています。

精神障害者も、知的障害者の雇用義務化への変遷と同じように、2006年に実雇用率へのカウント対象となり、2018年に雇用義務化へと移行されました。

では、実雇用率へのカウント対象になった頃から雇用義務化へと至るまでの間に、どのくらいの数の障害者が雇用の場へと移行してきているのでしょうか。77頁の表に、実雇用率へのカウント時から雇用義務化に伴う雇用率検討時にかけての障害者雇用者数とハローワークからの就職件数について、知的障害者と精神障害者の数を示しました。

障害者雇用者数の変化を見ると、実雇用率へのカウント開始時、知的障害者は9，407人雇用されていましたが、精神障害者は1，917・5人しか雇用されていませんでした。精神障害者の雇用に対する企業側の抵抗感や、精神障害者の職業生活に必要な基本的なスキルや習慣が不足していたことなどが、これらの数となって表れているのかもしれません。また、雇用義務化に伴う雇用率の検討が行われていた時期で比較すると、知的障害者

◉実雇用率へのカウントから雇用義務化に至るまでの雇用状況の変化

〈 障害者雇用者数 〉

(単位：人)

	実雇用率のカウント時		雇用義務化に伴う雇用率検討時
知的障害者	9,407（昭和63年）	➡	24,037.0（平成8年）
精神障害者	1,917.5（平成18年）	➡	34,637.0（平成27年）

※数値はいずれも各年6月1日時点

【筆者補足情報】

・重度身体障害者または重度知的障害者については、その1人の雇用をもって、2人の身体障害者または知的障害者を雇用しているものとしてカウントされる。

・重度身体障害者または重度知的障害者である短時間労働者（1週間の所定労働時間が20時間以上30時間未満の労働者）については、1人分として、重度以外の身体障害者および知的障害者並びに精神障害者である短時間労働者については、0.5人分としてカウントされる。

〈 ハローワークからの就職件数 〉

(単位：件)

	実雇用率のカウント時		雇用義務化に伴う雇用率検討時
知的障害者	6,926（昭和63年度）	➡	7,360（平成8年度）
精神障害者	6,739（平成18年度）	➡	38,396（平成27年度）

※手帳を所持していない者を含む。

出典：2016年11月21日厚生労働省労働政策審議会障害者雇用分科会資料を基に作成

は24，037人が、精神障害者は34，637人が雇用されています。雇用率検討時での精神障害者の雇用者数は知的障害者よりも1万人以上多くなっていることが分かります。カウント時から検討時までの増加率で見ると、知的障害者は2・5倍、精神障害者は18倍もの人たちが雇用されるようになったことになります。

また、ハローワークからの就職件数の変化を見ると、知的障害者は6，926人だったものが7，360人と1・06倍の伸びに留まっていますが、精神障害者は6，739人だったものが38，396人へと5・7倍に増加しています。

これらの結果は、この10年ほどの間に、精神障害者の職業リハビリテーションが充実したことや、精神障害者の雇用に対する抵抗感が薄れてきたことが背景にあると考えます。

精神障害者の雇用義務化とは

内閣府では、第三次障害者基本計画（2013年9月）の中で、雇用・就業、経済的自立の支援における障害者雇用の促進を図るため、次のような計画を掲げています。

●障害者雇用促進法に基づく障害者雇用率制度を中心に、引き続き、障害者雇用の促進を図る。平成25年の障害者雇用促進法の改正により、精神障害者の雇用が義務化（平成30年4月施行）されたことも踏まえ、精神障害者の雇用の促進のための取り組みを充実させる

●都道府県労働局において、使用者による障害者虐待の防止など労働者である障害者の適切な権利保護のため、個別の相談等への丁寧な対応を行うとともに、関係法令の遵守に向けた指導等を行う

●雇用分野における障害者に対する差別の禁止および障害者が職場で働くに当たっての支障を改善するための措置（合理的配慮の提供義務）が新たに規定された改正障害者雇用促進法に基づき、障害者と障害者でない者との均等な機会および待遇の確保並びに障害者の有する能力の有効な発揮を図る

第三次障害者基本計画に基づいて精神障害者の雇用が義務化され、法定雇用率が引き上げられました。またその他にも、障害者虐待の防止や障害者差別の禁止、障害者のための

◉精神障害者の雇用義務化に伴う2018年以降の法定雇用率の算定式

$$\text{法定雇用率}=\frac{\left(\begin{array}{c}\text{身体障害者、}\\\text{知的障害者および}\\\text{精神障害者である常用労働者の数}\end{array}\right)+\left(\begin{array}{c}\text{失業している身体障害者、}\\\text{知的障害者および}\\\text{精神障害者の数}\end{array}\right)}{(\text{常用労働者数})-(\text{除外率相当労働者数})+(\text{失業者数})}$$

※ 精神障害者 が、新たに追加

出典：2016年11月21日厚生労働省労働政策審議会障害者雇用分科会資料を基に作成

合理的配慮の提供などが求められるようになり、抵触する場合は、使用者に対する指導等も行われるようになりました。

では、なぜ精神障害者の雇用が義務化さると法定雇用率が上がることになるのでしょうか。

法定雇用率の算定基礎対象の変更

2018年4月の障害者雇用促進法の改正により、精神障害者の雇用義務化がなされ、精神障害者が法定雇用率の算定基礎の対象に含まれることになりました。これがどのようなことを表しているかという説明に際して、本ページ上部に、法定雇用率の算定式を示しました。改正前の法定雇用率の計算式では、身体障害者と知的障害者の常用労働者と失業者を合わせた数を分子としていましたが、改正後は、精神障害者である常用労働者と失業している精神障害者を含めた数で計算されることになりました。すなわち、法定雇用率の計算における分母の数字は変わらずに、分子が増えることから法定雇用率が上がることとなりました。

今後の法定雇用率の行方

先ほども見たように、ハローワークを通じた就職件数や新規求職者の数については、精神障害者が最も多くなっています。今後も増加傾向が続くと、この先の法定雇用率がどのくらいの割合で引き上げられるかは明確ではありません。

これまでの法定雇用率の上がり方を振り返ってみると、1998年に1.6%から1.8%へ、2013年に1.8%から2.0%へと、0.2%の上げ幅で推移してきました。筆者がこれまでの厚生労働省発表の「障害者雇用状況の集計結果」の数値を基に、2018年以後の法定雇用率の計算式に基づき精神障害者数を加えて試算したところ、2012年では2.27%、2013年では2.36%、2014年では2.47%、2015年では2.

◉激変緩和措置の内容

●法定雇用率の算定対象に精神障害者を追加
（施行期日 平成30年4月1日）

●法定雇用率は原則5年ごとに見直し

⬇

施行後5年間（平成30年4月1日～令和5年3月31日まで）は猶予期間

精神障害者の追加に係る法定雇用率の引き上げ分は、
計算式どおりに引き上げないことも可能※

※具体的な引き上げ幅は、障害者の雇用状況や行政の支援状況等を踏まえ、
労働政策審議会障害者雇用分科会で議論

○令和5年4月1日以降
身体障害者・知的障害者・精神障害者を算定基礎として計算した率

出典：2016年11月21日厚生労働省労働政策審議会障害者雇用分科会資料

57％という数値が得られています。この試算結果は、これまでに見てきた精神障害者の新規求職者数やハローワークを通じた就職件数の大きな増加にほぼ対応しており、これらの数値については未だ伸び率が鈍化する気配はありません。

これらの結果から考えると、法定雇用率の上げ幅は、精神障害者が算定基礎対象に入り、また精神障害者が年々増加している現在においては、これまでと同じような0・2％ではおさまらず、0・3～0・4％程度を予測しておくことが必要と考えられます。

このような現状を踏まえて、平成30年（2018年）の改正施行では、精神障害者を法定雇用率の算定基礎の対象に含めるもの

◉令和6年4月以降の法定雇用率の段階的な引き上げ

	令和5年度 (2023年度)	令和6年4月 (2024年4月)	令和8年7月 (2026年7月)
民間企業の法定雇用率	2.3%	2.5%	2.7%
対象事業主の範囲	43.5人以上	40.0人以上	37.5人以上

の、計算式から得られる結果どおりに雇用率を引き上げないことも可能とされました（激変緩和措置。上図参照）。つまり、実際の計算式どおりに得られる数値よりも低い値を法定雇用率として設定できるようにしています。このような背景から、法定雇用率を計算式どおりとはせず、2018年4月1日に法定雇用率を2・2％とし、2021年3月1日に2・3％としました。また令和5年（2023年）の改正でも、法定雇用率は2・7％としましたが、令和5年度については2・3％で据え置き、令和6年度（2024年4月）から2・5％、令和8年度（2026年7月）から2・7％と段階的に引き上げることとなりました。

障害者の法定雇用率制度を持つ他国の状況を見ると、ドイツでは法定雇用率が5・0％に設定されており、実雇用率は2014年で4・1％となっています。また、フランスでは法定雇用率は6％、実雇用率は2013年で3・3％となっています。同じような制度を持つ他国と比較すると、日本は法定雇用率（2023

年5月現在で2・3%）においても実雇用率（2022年6月1日現在で2・25%）においても大きく下回っている状況にあることが分かります。

民間企業における障害者雇用については、5年計画や10年計画といった中長期的なスパンの中で、計画的に、3・0%～3・5%あるいはそれを超えるような法定雇用率にも対応できるよう検討しておくことが必要になると考えられます。

精神障害者の職場定着状況

86頁の図に、平成20年（2008年）から平成27年（2015年）までの東京都内の障害別離職率を示しました。この図によれば、直近5年間の障害別平均離職率は、身体障害19%、知的障害37%、精神障害68%となっています。精神障害は、他の障害に比べて定着が難しく、毎年4分の3近い数の離職者が生じていることになります。このような傾向は、東京都に限られた現象ではなく、各地でも同じような傾向が見られています。

次の図には障害種類ごとの職場定着率に関する調査結果を示しました。これは2015年7月1日から8月31日の2ケ月の間に、ハローワークにおける職業紹介により就職した身体障害者、知的障害者、精神障害者、発達障害者の職場定着状況について調査した結果です。

この結果によると、精神障害者の職場定着の状況は苦労して就職したにもかかわらず、3ヵ月以内に3割を超える人が離職しています。また、3ヵ月を超えて勤務していた人も、長期に安定できるとは限らず、全体として、就職後1年以内に離職するケースは約5割となっているのです。

これらのデータから、精神障害者は採用後、早い段階から職場に対する不適応を生じがちで、本人も周囲の人もその改善の方向性を見いだすことができず不適応状態が継続し、1年以内という短い間に離職に至っていると考えられます。

このような状況について、精神障害者自身も職場に適応するために何らかの取り組みを行っていくことが必要でしょう。自分自身の障害と向き合い、障害によりうまくできなくなった部分を受け入れ、心の問題に取り組みながら自分に合った働き方を見つけることができれば、安定した就労に一歩近づけるかもしれません。

一方で、精神障害者が抱えている現実を、自分自身の力だけで乗り越えようと無理をして頑張りすぎると、体調が悪化するなどの不適応状態が生じ、病が再発するかもしれませ

◉東京都内の障害別離職率

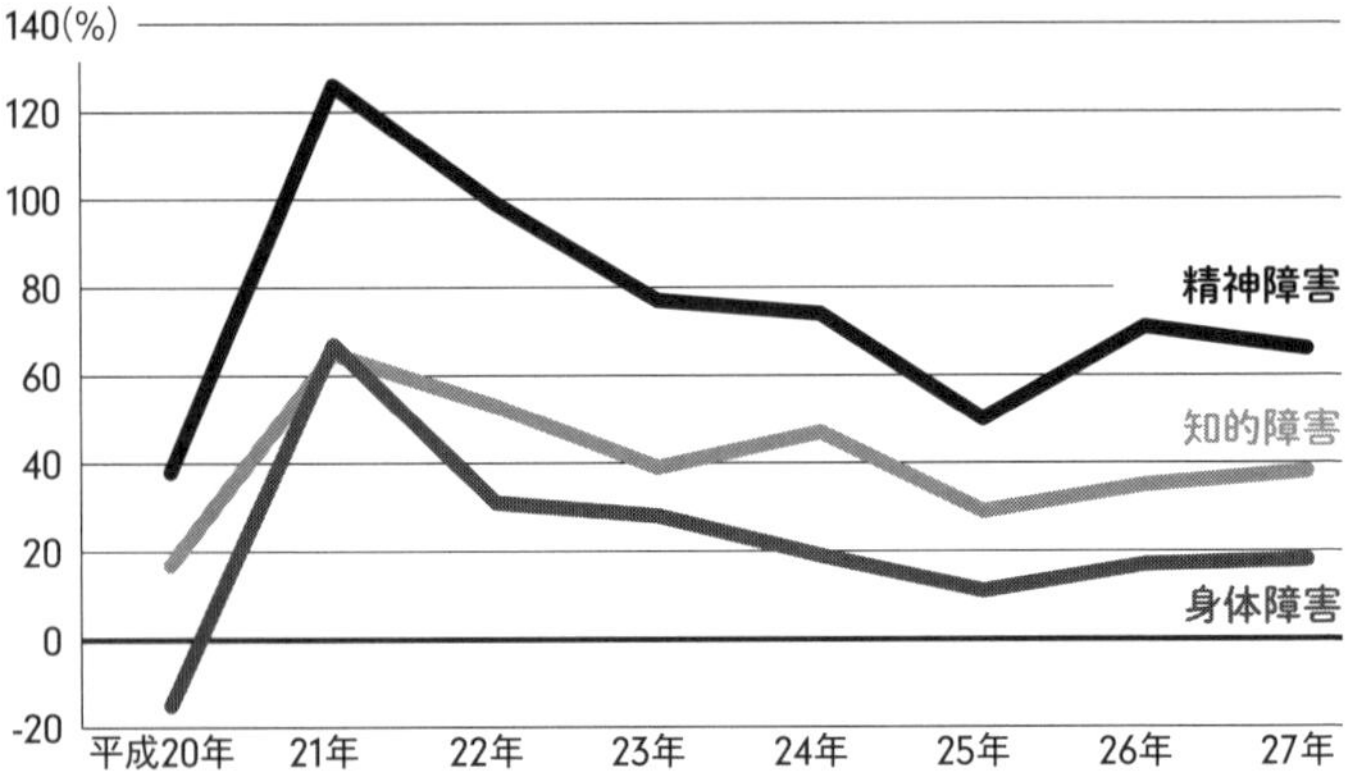

出典：厚生労働省東京労働局資料を基に作成

◉障害者の職場定着率（障害種類別）

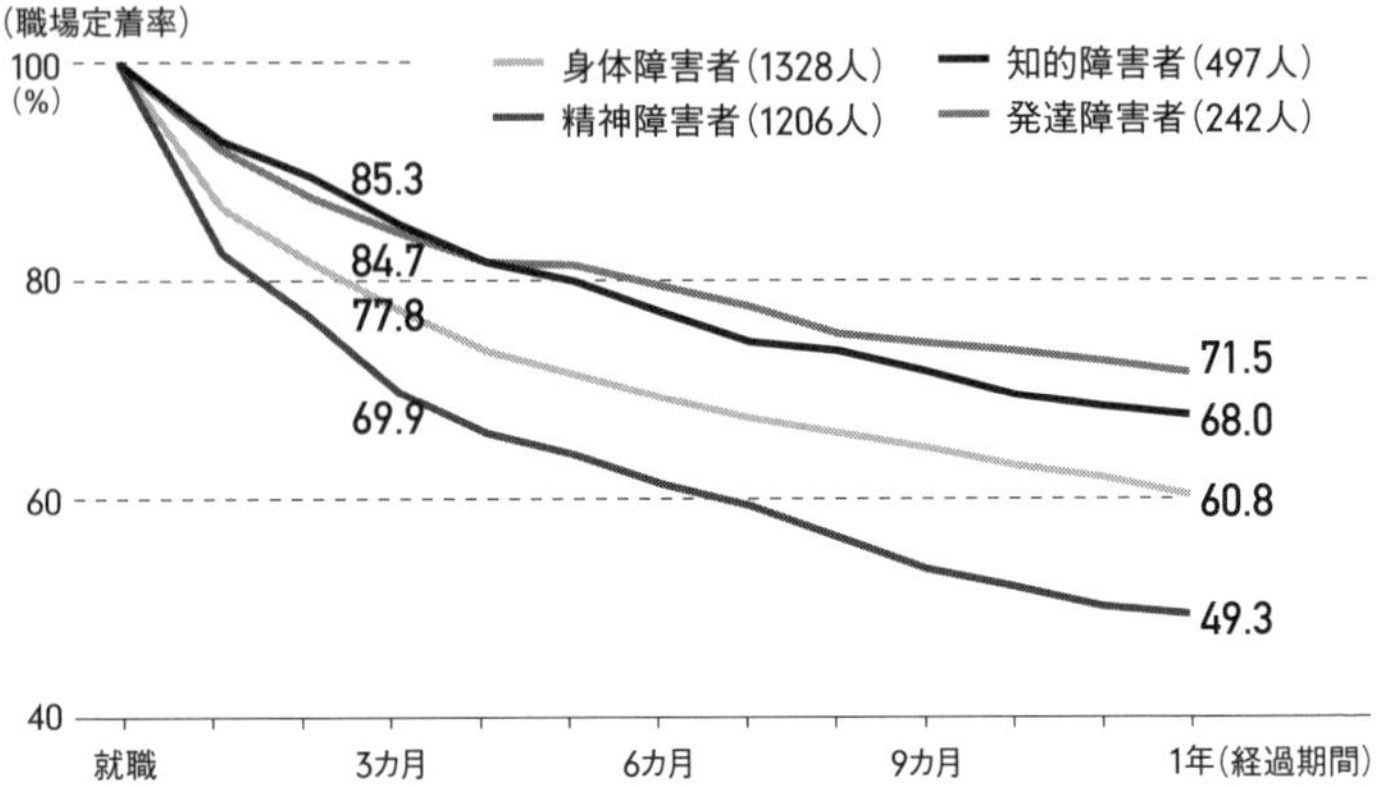

出典：調査研究報告書 No.137『障害者の就業状況等に関する調査研究』
（2017年、独立行政法人高齢・障害・求職者雇用支援機構 障害者職業総合センター）

ん。精神障害者が自分の抱える現実を乗り越えるには、周囲の人々が、精神障害についての理解を深め、精神障害者が障害に前向きに取り組めるようにサポートをすることが必要です。さまざまな就労移行支援機関を活用することももちろんですが、実際には職場においても継続的なサポートが必要になってきます。

どのように精神障害者を受け入れ、定着を図ることができるのかが、今後障害者雇用を進めていかなければならない企業にとって、大きなテーマとなっているのです。

コラム❷

採用面接での支援者の同席と障害状況の確認

就労移行支援機関からの紹介で精神障害者を採用する場合に、時折、就労移行支援機関の支援者が採用面接に同席するケースがあります。そのような場合、企業は支援者の同席を断ることはできるのでしょうか。

結論として、応募者である精神障害者が同席を求める場合は、断ることができません。

面接の際に支援者の同席を認めることは、2016年4月1日施行の改正障害者雇用促進法の「合理的配慮の提供義務」の具体的な配慮の事例として、厚生労働省作成の事例集に記載があります。支援者以外にも、たとえば聴覚障害者との面接の際に、手話通訳士の同席を認めることも合理的配慮となります。

精神障害（募集・採用）　面接時に、就労支援機関の職員等の同席を認めること。

●精神障害は、統合失調症や気分障害（うつ病、そううつ病）、てんかん等の様々な精神疾患が原因となって起こります。原因となる疾患によって、それぞれの障害特性や必要な配慮が異なっています。したがって、精神障害者の方と面接官の意思疎通を助け、また、精神障害者の方の障害特性等を面接官に知ってもらうために、面接時に就労支援機関の職員等の同席を認めている事例があります。

（出典）厚生労働省「合理的配慮指針事例集【第四版】」より抜粋

最近では企業側から支援者に同席を求めるケースが多いようです。支援者が同席することで第三者目線での見解をもらえるというメリットもあるのでしょう。ただし、面接を支援者がリードする形で進めてしまい、人事担当者が応募者の話を全く聞くことができなかった、という失敗事例もあるようです。支援者の同席を効果的に活用できるように、事前に面接の進め方について、支援者とコミュニケーションを取っておくとよいでしょう。

また面接時にどこまで障害状況を聞いてよいものか悩む場面もあるかと思いま

す。しかし、雇用するためには障害状況を正しく把握して、適切な配慮をする必要があります。そのために、気になることはきちんと質問して明確にしてから採用へとつなげることをお勧めします。

なお、面接で障害の状況を聞く場合は、「雇用後の社内での配慮のために、障害について聞かせていただきたいのですが」と前置きし、本人の同意を得た上で、聞くとよいでしょう。

ただし、採用面接で障害の状況の聞き取りばかりに重点を置くと応募者の意欲をそぐ可能性があり、また本人にとって話しづらい点もあるかと思いますので、「答えづらい質問にはお答えいただかなくても大丈夫です」と併せて伝えるとよいでしょう。

Chapter

3

精神障害者の雇用に伴う課題

障害者雇用と法制度

障害者雇用を進めていく際に、企業は、障害者への虐待の防止や差別の禁止、合理的配慮の提供等を行わなければなりません。これらは「障害者虐待の防止、障害者の養護者に対する支援等に関する法律（以下、「障害者虐待防止法」という。）」や「障害を理由とする差別の解消の推進に関する法律（以下、「障害者差別解消法」という。）」、障害者雇用促進法により制度化されており、企業にはこれらの法律の遵守が求められます。これらの法律の遵守がなされない場合には、企業は不適切な障害者の雇用から生じるさまざまなリスクに晒される可能性が生じます。本章では、障害者雇用を行う際に、企業が留意すべきリスクについて整理します。

障害者「虐待」のリスク

２０１２年10月に障害者虐待防止法が施行されました。この法律は、障害者への虐待という問題に対処するために制定された法律で、障害者の虐待の予防と早期発見および養護者への支援を講じることを目的としています。この法律の中では、虐待の起こりやすい場所として、家庭内、福祉施設、職場を想定しており、虐待を行い得る者として、養護者や福祉施設の職員だけでなく、職場の上司等の「使用者」も想定範囲に含め、障害者虐待に対する対策の必要性を記しています。実際、障害者の虐待は、家族・親族などの近親者からの虐待事例が最も多いと言われています。また、入所施設・通所施設などの福祉関係施設での虐待事例も、近年大きく報じられています。

残念なことに、企業においても、さまざまな形での障害者への虐待事例が存在しています。公になっているもの以外にも、実際には、虐待にあたる事象がたくさんの職場で生じているかもしれません。以下では、企業における障害者の虐待とは、どのようなものなのか整理してみましょう。

使用者による障害者の虐待

障害者虐待防止法2条5項では、「使用者」は「障害者を雇用する事業主（中略）または事業の経営担当者その他その事業の労働者に関する事項について事業主のために行為をする者」と定義されています。一般的には「使用者」は、「経営者や工場長、労務管理者、人事担当者など」と解釈されています。この「など」の中には、同僚や他部署の人たちも含まれています。この法律では、これらの「使用者」とされる職場の人たちが、虐待者となり得ると捉えています。一方、被虐待者は障害を持つ人たちです。

この虐待者と被虐待者という関係は、職場に限らずさまざまな場面でも表面化しにくく、当事者がそれを虐待と認識していないこともあり得る、分かりにくいものであると捉えられています。そこで、障害者虐待防止法の中では、虐待者・被虐待者本人が、それを自覚していなくても、第三者が虐待にあたる事案であると認識した場合、第三者に行政機関等の窓口に通報する義務があると定めています。

たとえば、上司が何らかのハラスメントとも捉えられるような管理や指導を行っている場合、その管理や指導を受けている障害者本人は、「自分が至らないからだ」「自分の努力が足りないからだ」「自分に障害があってできないから迷惑をかけているんだ」などと受け止めていたとしても、周囲からは障害者を心理的に追い詰めていたり、仕事を与えていなかったりするように見えると、虐待事案となる可能性が生じるということになります。

ある職場の事例では、職場で若い従業員同士がプロレスごっこのようなことを休み時間にしていました。その職場には知的障害者がいて、その人がいつもプロレス技を受ける役割を担っていたそうです。月に1回ほど近況報告に来る本人の様子を見ていた支援機関の担当者が、いつも生傷があることに気づきました。本人に事情を聞くと、休み時間に遊んでいる時にできた傷だと言います。その後半年ほど、生傷の絶えないような状況が続き、本人が職場に行くことを嫌がる様子も見られるようになりました。相談を受けた支援機関では、虐待にあたるようなことが行われているのではないかと、行政機関へ通報したとのことです。

このような出来事は、知的障害者が勤務している職場では、起こりがちなことなのかもしれません。必ずしも、本人が虐待を受けていると明確に感じていたわけではありませんが、毎日のようにプロレス技をかけられ生傷が絶えない、だんだん職場に行くことが辛くなったという状況であれば、虐待事案となり得るケースと言えるでしょう。

虐待にあたる行為

障害者への虐待は、次の5つの種別に大別されます。身体的虐待、性的虐待、心理的虐待、放置等による虐待、経済的虐待です。表に、その具体例を示しました。

これらの中で、一番多く虐待と認定されているのは経済的虐待です。具体的には、障害を理由に賃金を払わないなどの事例です。中でも、賃金が最低賃金に満たないという事例が最も多く、最低賃金の減額特例許可を受けずに、最低賃金以下で働かせている場合などがこれにあたります。

次は心理的虐待です。「障害を言い訳にサボっている」や「何度教えても、いつまでたってもできるようにならない」などの言葉は、障害状況によっては合理的配慮を欠いたハラスメントのように受け取られるかもしれませんし、「そんなことをやっていると次の雇用契約の更新はできないよ」というような言葉は、脅迫されたかのように感じさせるかもしれません。強い口調で叱責する、暴力的な言葉やバカにするかのような言葉で責めるなども、心理的虐待にあたります。

また、本人のいないところで悪口を言ったり、ある障害者に対してだけ無視したり辛く

◉障害者虐待の種別と具体例

虐待種別	具体例
身体的虐待	たたく、つねる、なぐる、熱湯を飲ませる、異物を食べさせる、監禁する、危険・有害な場所での作業を強いるなど
性的虐待	裸の写真やビデオを撮る、理由もなく不必要に身体に触る、わいせつな図画を配布する、性的暴力をふるう、性的行為を強要するなど
心理的虐待	脅迫する、怒鳴る、悪口を言う、拒絶的な反応を示す、他の障害者と差別的な扱いをする、意図的に恥をかかせるなど
放置等による虐待	住み込みで食事を提供することになっているにもかかわらず食事を与えない、仕事を与えない、意図的に無視する、放置することで健康・安全への配慮を怠るなど
経済的虐待	障害者であることを理由に賃金等を支払わない、賃金額が最低賃金に満たない※、強制的に通帳を管理する、本人の了解を得ずに現金を引き出すなど ※都道府県労働局長から最低賃金の減額特例許可を受けている場合については、減額後の最低賃金に満たないとき。

出典：厚生労働省「使用者による障害者虐待の防止についての概要（リーフレット）」を基に作成

あたるなどの拒絶的な反応をしたり、他の障害者と比較してできないことをあげつらうなど差別的な扱いをしたり、失敗したことをその場で皆に伝えるなど意図的に恥ずかしい思いをさせるなども心理的虐待の例として挙げられています。なかなか仕事を覚えられない障害者に、とても忙しい場面で、だんだんに語気が荒くなったり、厳しい態度で接してしまったりすることも、心理的虐待につながりかねない状態であると考えられます。このような出来事は、どこの職場でも一般的に起こり得ることではないでしょうか。

放置等による虐待も、非常に起こりやすい例です。施設であれば、食事をとらせないという例が放置・放任にあたりますが、職場では仕事を与えないということが、放置等による虐待と考えられています。仕事を与えないという状況は、与えられる仕事がないことの延長として、どこの会社でも起こり得ます。

たとえば、ある人に一定の仕事を用意したとします。ところが、本人にやらせてみたところ、なかなかミスがなくならなかったり、長時間仕事を続けていると急に作業能率が低下したりするので、その仕事は任せることができませんでした。では、もう少し簡単な仕事ではどうかと試みたけれど、これもうまくいきません。このようなことを、何回か繰り返すうちに会社の方から提供できる仕事がなくなってしまいました。このような事態というのは一般の職場の中で容易に想定することができるのではないでしょうか。

障害のある人に、一定レベル以上の仕事を安定してできるようになってもらうには、ある程度の支援が必要となります。適切な支援を行わず、仕事だけ与えるということを行っていると、どの仕事もきちんとやり遂げられない状態が続き、任せられない仕事ばかりが増え、結局何の仕事も与えられない状態に陥ってしまうのです。一週間、毎日職場に来ているにもかかわらず仕事がない、ということになると、放置等による虐待の状態であるとみなされることになるかもしれません。

よく起こりがちなこと、些細なことのように思える出来事でも、虐待という行為にあたる可能性があるということを肝に銘じてください。

虐待防止のための企業側の責務

障害者虐待防止法では、事業主にいくつかの責務が課せられています。

その1つは、障害者虐待防止のための措置として、職場内の労働者に対する研修を実施することです。障害者に対し、どのようなふるまい方をする必要があるのか、どのようなことをしてはいけないのかなどについて、しっかりと研修することが求められています。もう1つは、障害者やその家族からの苦情処理体制の整備です。障害のある従業員やその家族が、職場での出来事を相談したり、場合によっては訴えたりすることができるような体制を整えることが求められています。

経営者は、これらの責務を果たし、障害者虐待の防止に努めなければなりません。もし虐待が明らかになった場合、辛い思いをした障害者が離職するケースはよくあります。ただ離職という形だけで決着するのであれば、企業にとっては大きなリスクではないかもしれませんが、場合によっては虐待事案がさまざまなリスクへとつながる可能性があります。

たとえば、障害者虐待疑惑が週刊誌などで報じられ、離職した障害者が複数いることが明らかになったりすると、その企業にとっては風評リスクとなり、時には、株価の下落につながるようなこともあるかもしれません。そうなると障害者への虐待は、現場レベルの出来事ではなく、経営そのものに影響を与えるリスクとなる可能性があるのです。

データでみる障害者虐待状況

厚生労働省が取りまとめた令和3年度（2021年度）「使用者による障害者虐待の状況等」によると、令和3年度の使用者による障害者虐待についての通報・届け出があった事業所は、1，230事業所（前年度比3・7％減）、障害者1，431人（前年度比1・6％増）でした。通報・届け出があった件数は、事業所数については平成30年度（2018年度）の1，656事業所をピークに、障害者数については平成29年度（2017年度）の2，454人をピークに、それぞれ減少傾向にあります。

また、労働関係法令に基づき調査などを行い、令和3年度に使用者による障害者虐待が認められた事業所は、全体で392事業所（前年度比2・2％減）、障害者502人（前年度比0・8％増）となっていました。このような障害者虐待が認められた件数は、事業所数については平成29年度（2017年度）の597事業所をピークに、障害者数については平成29年度（2017年度）の1，308人をピークに、それぞれ概ね減少傾向にあります。

◉虐待が認められた事業所数（把握の端緒別）

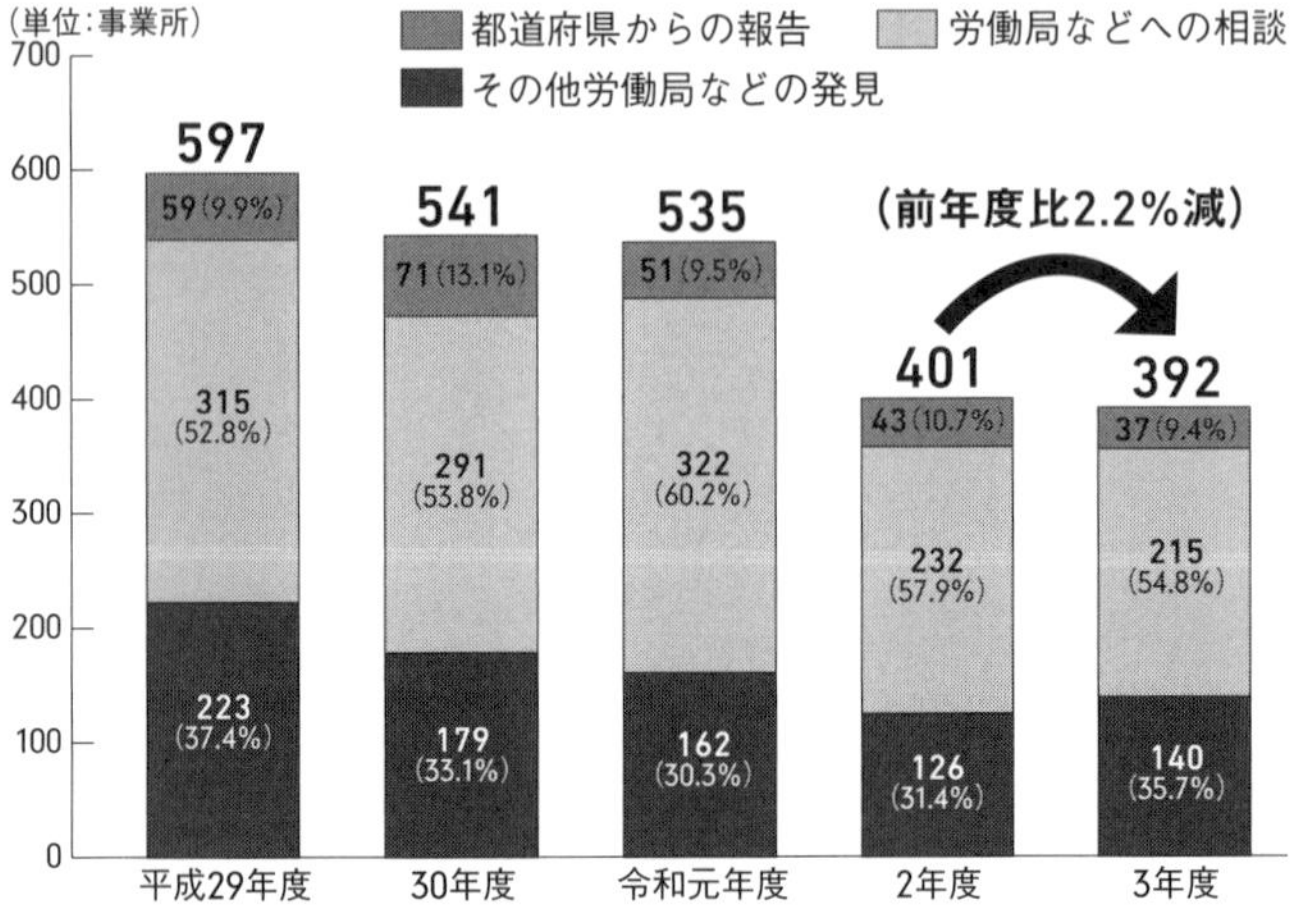

（注）四捨五入による端数処理の関係で合計が100%にならないことがある。
出典：厚生労働省「『令和3年度使用者による障害者虐待の状況等』の取りまとめ結果」

◉虐待が認められた障害者数

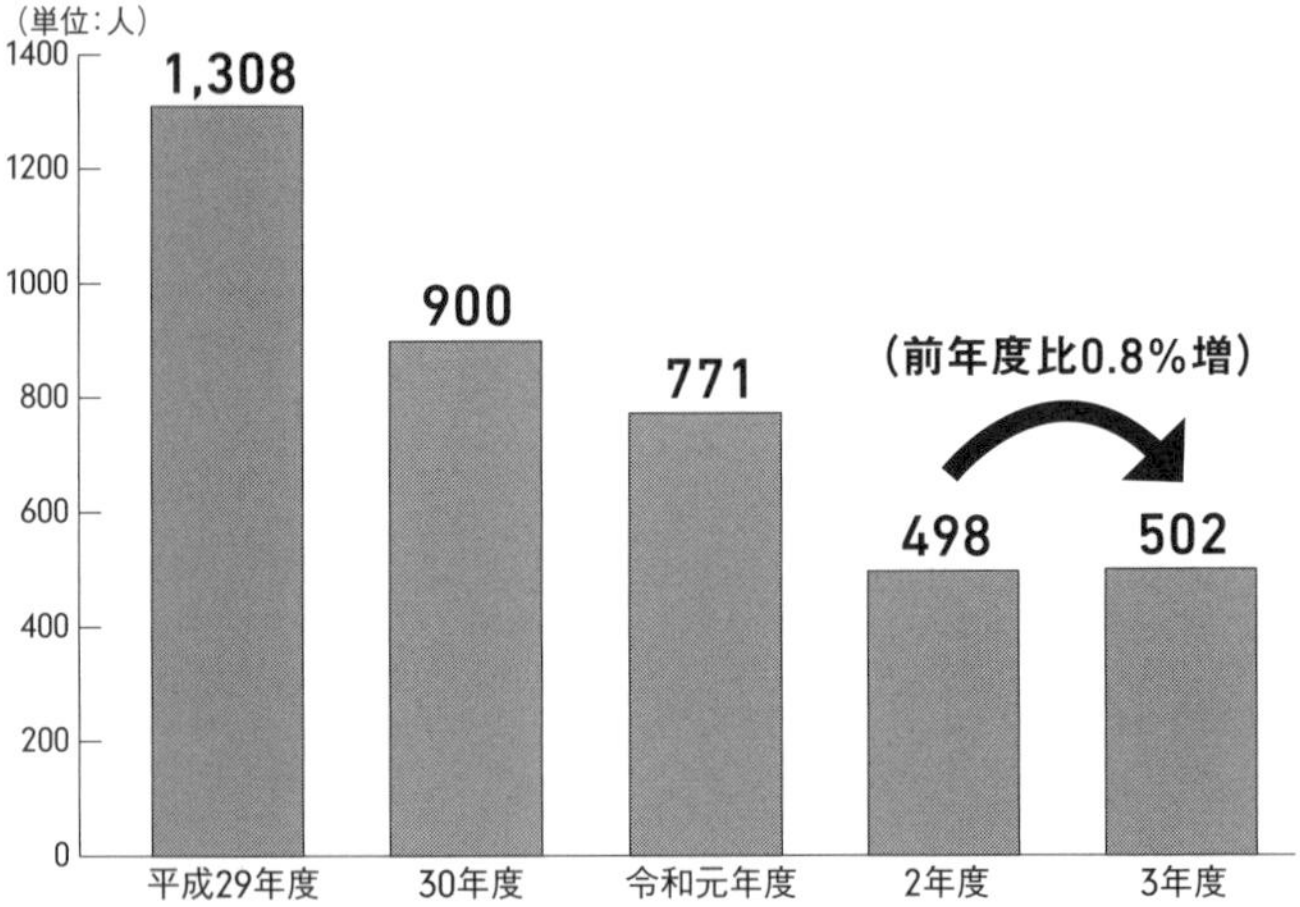

出典：厚生労働省「『令和3年度使用者による障害者虐待の状況等』の取りまとめ結果」

では、使用者による障害者の虐待は、どんな内容のものが、どのくらい発生しているのでしょうか。令和3年度の虐待が認められた障害種別・虐待種別障害者数の表を106頁に示しました。虐待種別としては経済的虐待が最も多く、その障害内訳は知的障害174人、精神障害153人、身体障害77人、発達障害21人となっています。また、心理的虐待については、精神障害24人、知的障害23人、身体障害14人、発達障害5人となっています。

全体として、平成29年度（2017年度）と比較すると約40％と大きく減少しており、使用者による虐待が抑制されてきていることが分かります。この結果は、2012年10月の障害者虐待防止法の施行以降、官民ともに虐待防止の取り組みを強化し、多くの企業の意識改革が行われてきたことが要因の1つと考えられるでしょう。また、虐待種別で最も多い経済的虐待の減少傾向は、平成27年度（2015年度）から件数の計上方法を変更したことも関係しているかもしれません。具体的には、平成26年度（2014年度）までは、賃金不払い事案の労働者の中に、障害者と障害者以外の労働者が含まれている場合は、障害者に対する賃金不払いを経済的虐待として計上していませんでしたが、平成27年度（2015年度）からは、賃金不払い事案の労働者の中に、障害者と障害者以外の労働者が含まれている事案についても、障害者に対する賃金不払いを経済的虐待として計上するようになりました。その結果、平成27年度（2015年度）から令和元年度（2019年度）にかけて、経済的虐待として計上されている数字が大きく増加傾向に転じましたが、障害者と障害者以外の労働者が含まれる事案についても計上されることから、賃金不払いのより一般的な労働問題として取り扱われるようになり、大きな減少へとつながったものと考えられます。

障害種別の人数と構成比を見ると、平成29年度では、知的障害への虐待が489人（37・0%）、精神障害への虐待が452人（34・2%）、次いで身体障害272人（20・6%）、発達障害36人（2・7%）となっています。その後、虐待が認められた障害者数は大きく減少していきますが、障害種別の構成比を見ると、徐々に知的障害の構成比が高まっており、令和3年度（2021年度）には、知的障害218人（42・2%）、精神障害173人（33・5%）、身体障害92人（17・8%）、発達障害26人（5・0%）となっています。これらの結果には、自分の置かれている状況の理解や主張することが苦手な知的障害への虐待事例の多さは、長期的に見ても変わっておらず、知的障害への虐待の防止についてさらなる対応が求められていると考えられます。

虐待種別で見ると、平成29年度には、経済的虐待が1，162件（83・5%）、心理的虐待が116件（8・3%）、身体的虐待が80件（5・7%）、放置等による虐待が27件（1・9%）、性的虐待が7件（0・5%）でしたが、それ以降、件数については大きく減少しました。そして、令和3年度（2021年度）の結果では、経済的虐待が420件（77・6%）、心理的虐待が61件（11・3%）、身体的虐待が32件（5・9%）、放置等による虐待が19件（3・5%）、性的虐待が9件（1・7%）となっており、経済的虐待の件数が大きく減少する一方で、その他の虐待種別の件数は、ほぼ横ばい傾向となっていることから、経済的虐待以外の種別については、さらなる対応が必要とされているものと考えられます。

使用者による障害者への虐待状況は、令和元年度（2019年度）に比べて、令和2年度（2020年度）から虐待が認められた事業所数・障害者数ともに大きく減少しており、令和3年度（2021年度）はほぼ横ばいとなっています。この傾向には、コロナ禍による社会状況や労働環境の影響も大きく関係していると考えられることから、今後のこれらの変化が障害者虐待にどのように影響するのかについては、注視しておく必要があると思われます。

皆さんの職場でも、虐待にあたる出来事が起きていないか、折にふれ確認するようにしてください。

◉虐待種別・障害種別障害者数（虐待が認められた障害者）

虐待種別	障害種別				
	身体障害	知的障害	精神障害	発達障害	その他
身体的虐待	7	17	4	2	0
性的虐待	0	3	5	1	0
心理的虐待	14	23	24	5	1
放置等による虐待	2	14	4	2	0
経済的虐待	77	174	153	21	6

（単位：人）

	身体障害	知的障害	精神障害	発達障害	その他	合計
29年度	272	489	452	36	71	1320
	20.6%	37.0%	34.2%	2.7%	5.4%	100%
30年度	156	400	244	35	9	844
	18.5%	47.4%	28.9%	4.1%	1.1%	100.0%
元年度	157	351	213	32	11	764
	20.5%	45.9%	27.9%	4.2%	1.4%	100%
2年度	119	215	142	26	7	509
	23.4%	42.2%	27.9%	5.1%	1.4%	100%
3年度	92	218	173	26	7	516
	17.8%	42.2%	33.5%	5.0%	1.4%	100%

（単位：人）

	身体的虐待	性的虐待	心理的虐待	放置等による虐待	経済的虐待	合計
29年度	80	7	116	27	1,162	1,392
	5.7%	0.5%	8.3%	1.9%	83.5%	100%
30年度	42	9	92	19	791	953
	4.4%	0.9%	9.7%	2.0%	83.0%	100%
元年度	30	10	64	19	686	809
	3.7%	1.2%	7.9%	2.3%	84.8%	100%
2年度	24	10	56	14	419	523
	4.6%	1.9%	10.7%	2.7%	80.1%	100%
3年度	32	9	61	19	420	541
	5.9%	1.7%	11.3%	3.5%	77.6%	100

（単位：人）

（注）1　虐待種別については重複しているものがある。
　　　2　四捨五入による端数処理の関係で合計が100%にならないことがある。
出典：厚生労働省発表資料「『令和3年度使用者による障害者虐待の状況等』の取りまとめ結果」

障害者雇用促進法の改正

２０１６年４月の改正障害者雇用促進法の施行に伴い、事業主に対する障害者差別の禁止と合理的配慮の提供について、それぞれ指針が定められました。障害者差別禁止指針では、すべての事業主を対象に、募集や採用に関して障害者であることを理由とする差別を禁止することなどを定めています。合理的配慮指針では、すべての事業主を対象に、募集や採用時には障害者が応募しやすいような配慮を、採用後は仕事をしやすいような配慮をすることなどを定めています。

この改正は、同じタイミングで施行された障害者差別解消法に沿った内容を付加する形で行われました。障害者差別解消法は、２００７年に、国連総会で採択され日本も署名した「障害者の権利に関する条約」を批准するために制定された法律で、その法整備の１つとして、障害者雇用促進法も改正されたのです。

また、令和４年（２０２２年）の障害者雇用促進法の改正では、事業主の責務として障害者の職業能力の開発および向上が含まれることの明確化や、週所定労働時間10時間以上

20時間未満で働く重度の障害者や精神障害者の実雇用率への算定による障害者の多様な就労ニーズを踏まえた働き方の推進、企業が実施する職場環境の整備や能力開発のための措置等への助成による、障害者雇用の質の向上などが盛り込まれました。

これらの改正の中で、令和5年（2023年）4月1日から施行された改正を紹介します。

まず1つめは、雇用の質の向上のための事業主の責務として、適当な雇用の場を提供すること、適正な雇用管理を行うこと等に加え、職業能力の開発および向上に事業主として取り組むことが明確化されました。今回の改正では、障害のある方が、企業の成長・発展に寄与する人材として活躍し続けることができるよう、さらなる職場の環境づくりを行うよう求めています。

次に2つめは、有限責任事業組合（以下「LLP」という）による算定特例の全国展開です。LLPは、個々の中小企業では障害者雇用を行うには十分な仕事量の確保が困難な場合は、事業協同組合等を活用することで、複数の中小企業が共同して障害者の雇用機会を確保することができる制度です。これについては、国家戦略特区内においてのみ、事業協同組合等算定特例（中小企業が、厚生労働大臣の認定を受けた事業協同組合等を活用して共同事業を行い、その組合等と組合員である中小企業で実雇用率を通算できる制度）の対象とされていましたが、令和5年4月1日以降、全国で活用可能となりました。

3つめは、在宅就業支援団体の登録要件の緩和や登録申請の手続きの簡素化です。在宅就労支援団体は、通勤等に困難を抱える障害者の就労機会を確保する上で重要な役割を果たしていますが、この事業への参入促進を図る観点から、この団体への要件緩和と申請手続き簡素化が行われることとなりました。

そして4つめは、精神障害者の実雇用率の算定に関する特例の延長です。令和4年度末まで、一定の要件を満たした場合に短時間労働者を1カウントとしていた、精神障害者の実雇用率の算定に関する特例は延長となり、令和5年4月1日以降も、当分の間、すべての方について、1人を1カウントとすることとなりました。


令和4年度の障害者雇用促進法の改正の中には、令和6年（2024年）4月1日から施行されるものもあります。

その1つめは、週所定労働時間10時間以上20時間未満で働く重度障害者と精神障害者に関する算定特例です。この特例は、障害特性から長時間の勤務が困難な障害者の方の雇用機会の拡大を図るために、特に週所定労働時間が10時間以上20時間未満で働く重度身体障害者、重度知的障害者、精神障害者を雇用した場合に、実雇用率を1人あたり0．5人とカウントする取り扱いをするものです。

2つめは、障害者雇用調整金・報奨金の支給方法の見直しです。障害者雇用調整金および報奨金について、事業主が一定数を超えて障害者を雇用する場合、その超過人数分の支給額の調整を行います。調整金については、支給対象人数が10人を超える場合には、当該超過人数分への支給額を23，000円（本来の額から6，000円を調整）に、また、報奨金について、支援対象人数が35人を超える場合には、当該超過人数分への支給額を16，000円（本来の額から5，000円を調整）に減額し支給することになりました。これらの支給額の調整は、令和6年度（2024年度）の実績に基づき、令和7年度（2025年度）の調整金・報奨金の支払いから適用されます。

3つめは、納付金制度における助成金の新設・拡充です。新設されるのは、障害者の雇い入れ・雇用継続に対する相談支援等に対応するための助成金です。また、既存の障害者介助等助成金、職場適応援助者助成金等については、拡充等が行われます。

障害者差別の禁止と合理的配慮の提供

障害者差別禁止指針では、すべての事業主に、障害者であることを理由とする差別を禁止するだけでなく、募集・採用、賃金、配置、昇進・降格、教育訓練などについて障害者に対する差別的対応を禁止しています。たとえば、募集・採用の段階での障害者に対する差別には、障害者であることを理由に対象から外したり、障害者に対してのみ不利な条件を付けたり、採用基準を満たす人の中から障害のない人を優先して採用することなどが挙げられます。また、職場での差別をなくすために、事業主や同じ職場で働く人が、障害特性に関する正しい知識の取得や理解を深めることが重要であるとしています。

合理的配慮指針では、すべての事業主に、障害者一人ひとりの状況について相互理解を持って、合理的配慮を提供するよう義務付けています。

たとえば、視覚障害者には募集内容について音声などで提供すること、聴覚・言語障害者には、面接や相談時に筆談などのコミュニケーション方法を用いること、車いす利用者には、作業しやすいように机の高さを調節したり作業がスムーズにできるよう工夫を行ったりすることなどが、合理的配慮の例になります。また、知的障害者については、それぞれの習熟度に合わせて業務量を徐々に増やしていくこと、精神障害者や発達障害者、高次脳機能障害者には、共通する認知障害の特性に対応するために、出退勤時刻・休暇・休憩に関し、通院・体調に配慮することが挙げられます。

差別禁止・合理的配慮の対象範囲

差別禁止・合理的配慮の対象となる障害者の範囲は、障害者手帳所持者に限定されません。障害者雇用であれ一般の雇用であれ、障害があることを本人が認識し差別的処遇について訴えてきたり、合理的配慮を求めてきたりした場合、差別禁止・合理的配慮の提供の対象となります。

たとえば、障害者雇用枠に障害者が応募し、採用の段階で合理的配慮について相談した上で雇い入れた場合は、当然合理的配慮を提供します。また、一般雇用枠で雇用した人から、「私にはこういう障害があります。頑張って仕事をこなしていきたいと思いますが、このような合理的配慮をお願いできませんか？」と申し出があった場合、この人に対しても合理的配慮を提供する必要があります。この時、本人が障害者手帳を持っているかどうかは関係ありません。障害者手帳を持っているかどうか、あるいは障害者の雇用率に反映できるかどうかにかかわらず、本人から合理的配慮が必要な障害があるとの申し出があった場合には、合理的配慮の提供を行わなければなりません。

合理的配慮を提供するまでの手順

合理的配慮の提供は、事業主と障害者の間の相互の理解があることを前提としていますが、相互の理解を進めるためには、障害者本人から必要としている合理的配慮についての申し出や、作業上で困っている状況等についての共有が必要となります。新たな障害者雇用のための募集や採用時に、障害者本人から必要な合理的配慮について申し出があったり何らかの配慮を要する状況が明らかになったりした場合には、本人の意向を尊重し、合理的配慮の内容に関する話し合いを行います。

既に雇用している障害者や雇用後に障害のあることが把握された人の場合には、職場の中で何らかの配慮を要する状況がないか確認することから始めます。この時、何らかの配慮が必要となる状況があれば、どのような改善策を希望するか、具体的に考えていることがあるかを本人から聞き取ります。

本人の希望する合理的配慮の内容や配慮を必要とする状況が相互に共有できたら、合理

◉合理的配慮の実践とフォローアップ

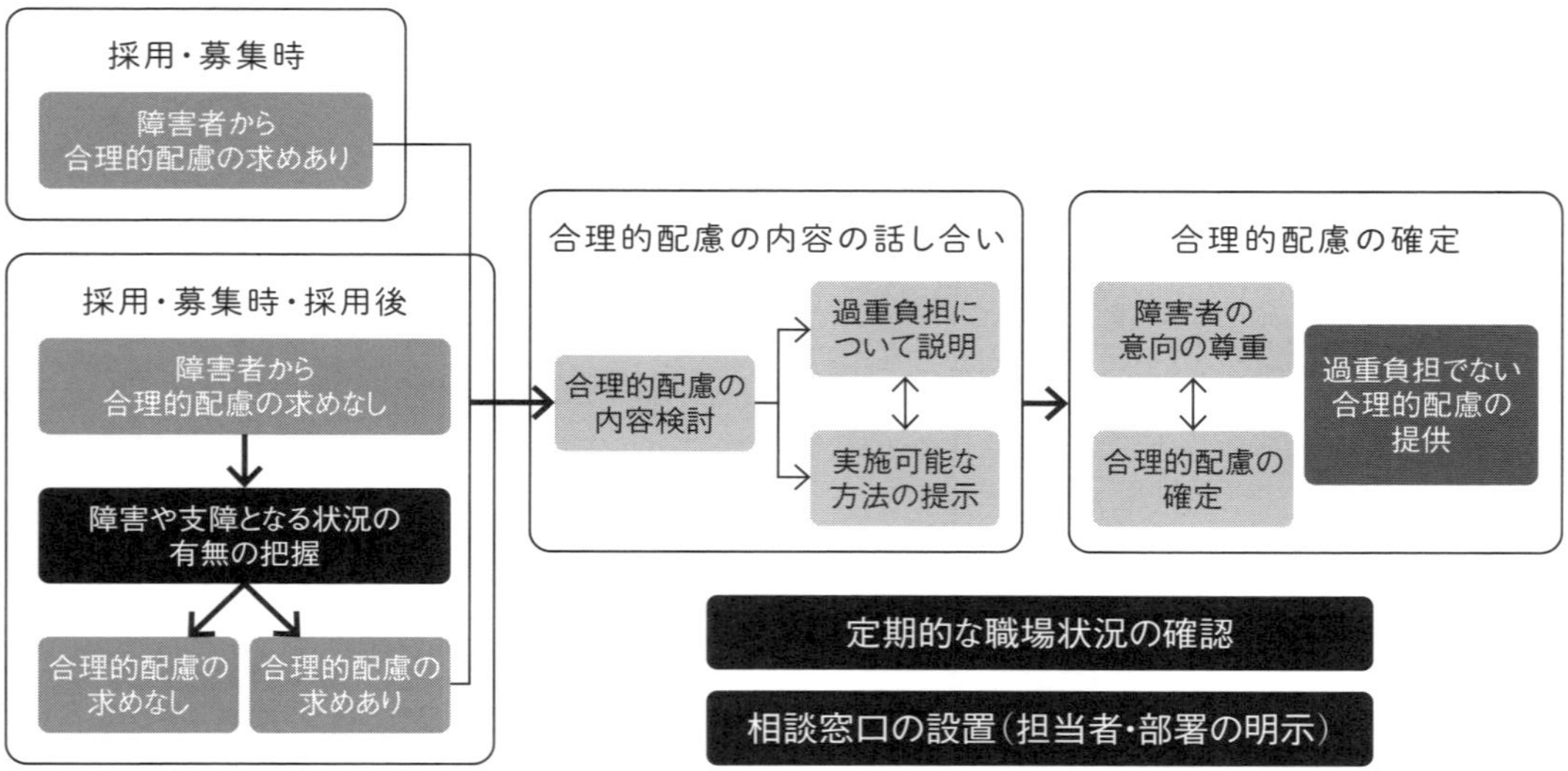
採用・募集時
障害者から
合理的配慮の求めあり
採用・募集時・採用後
障害者から
合理的配慮の求めなし
障害や支障となる状況の
有無の把握
合理的配慮の
求めなし
合理的配慮の
求めあり
合理的配慮の内容の話し合い
合理的配慮の
内容検討
過重負担に
ついて説明
実施可能な
方法の提示
合理的配慮の確定
障害者の
意向の尊重
合理的配慮の
確定
過重負担でない
合理的配慮の
提供
定期的な職場状況の確認
相談窓口の設置（担当者・部署の明示）

的配慮の具合的な内容に関する話し合いを行います。話し合いの中では、同じような効果が期待できる合理的配慮の方法がいくつかあるのかどうか、それぞれの合理的配慮を実施する場合に相互にどんな負担が生じるのか、企業として対応できる負担はどの程度かなどについて、お互いの理解を深めるよう話し合います。この話し合いの中で、相互に無理のない効果的な合理的配慮の方法について検討していきます。

話し合いの結果、障害者の意向を十分に尊重し、具体的な合理的配慮の内容について確定し、合理的配慮の提供ができるよう準備を進めます。この準備には、場合によっては時間がかかることもあります。そのような場合には、どの程度の時間が必要なのかを、本人に説明し理解を求めましょう。

合理的配慮の提供の求めがない場合

入社後、本人から障害者であるということを知らされた場合や、入社後にも本人からは具体的な話はないが障害と考えられる様子が見られるような場合には、合理的配慮の提供についても注意が必要です。

まず入社後、本人から障害があることを知らされた場合には、その段階で障害の特性や状況についての相互理解を図り、合理的配慮を提供する必要があります。

一方で、入社した後、本人からの具体的な話はないものの、本人の様子から障害と考えられる状況がありそうな場合には、本人の同意なしに合理的な配慮を提供する必要は必ずしもありません。たとえば、周囲の人から見て障害があるように思えても、発達障害の人などの中には、自分が障害を持っていることを全く認識していない場合もあります。全く自己認識のない人に対して何かの障害があることを周囲が押し付けてしまうと、その時点で別の嫌がらせや差別といったことになる可能性があります。

つまり、自身の障害を認識し、本人が合理的配慮が必要だと考えて求めてきた場合には、合理的配慮を提供する必要はありますが、本人から障害についての申告や合理的配慮への求めがない場合には、本人が合理的配慮を必要としていないと考えるべきだということになります。

合理的配慮の「過重な負担」

合理的配慮の提供については、事業主にとって「過重な負担」となる場合にはその義務を負わないとされています。事業主の「過重な負担」になるかどうかは、いくつかの要素を総合的に検討し個別に判断するよう定められています。その要素とは、①事業活動への影響の程度、②実現困難度、③費用・負担の程度、④企業の規模、⑤企業の財務状況、⑥公的支援の有無に分類されます。

たとえば、車いすの従業員に休憩室を用意することが、合理的配慮の提供として必要となった場合、二階にある休憩スペースを改造し、上下階を移動するためのエレベーターを設置する案が出ました。この時、エレベーターの設置が別の事業活動に影響を及ぼさないか、建物の強度やスペースなど、実現の障壁になるものは何か、企業収益や財務状況などから建物の改造やエレベーターの設置費用は捻出可能か、環境整備のための助成制度は活用できるのか等を、総合的に考え判断する必要があります。これらについての検討の結果、事業主が、過重な負担にあたると判断した場合には、そのような判断に至った経緯や理由を障害者に説明しつつ、障害者の意向を十分に尊重し汲み取った上で、過重な負担にならない範囲での合理的配慮の方法について検討し提供することが求められます。

特に、過重な負担にならない範囲で合理的配慮となる方法が複数ある場合には、まず、合理的配慮の提供を受ける本人と、よく相談をすることが重要です。本人とよく相談し、それぞれの方法が、本人の障害に対してどの程度補完的な機能を持っているのか、また周囲の人にどの程度の負担がかかるのかを、お互いに情報を共有し相互理解を図りながら、具体的な合理的配慮の方法を決めていきましょう。できるだけ障害者の意思を尊重し、十分な合理的配慮の提供に努めることがポイントとなります。「過重な負担」とされる判断基準については、後掲のコラム③（132頁）もご参照ください。

合理的配慮に関するフォローアップ

合理的配慮の提供を行っていても、障害の状態や職場の状況が変化することがあります。特に精神障害の場合には、本人の状態は一様ではなく、時に不安定になることも想定しておく必要があります。そして何らかの変化により、その時提供している合理的配慮がうまく機能しないことも起こり得ます。そのような変化を察知できるよう、企業側は、必要に応じて定期的に職場の状況や本人の状態を確認できるよう面談の機会などを用意することも1つの方法です。

また、障害者本人から状況・状態の変化や合理的配慮の提供について相談しやすいよう、相談体制を整え相談窓口を明確にしておくことも必要です。相談窓口を設けておくことで、本人が能力を発揮するのに十分な合理的配慮がなされているかどうかを、本人だけではなく周囲の人からも情報を集めることができ、合理的配慮の提供の方法や見直しを行うことにも役立ちます。

一方で、相談窓口への相談は、障害者にとっては職場に適応する上で不都合な内容である場合もあります。たとえば、職場内での人間関係などが問題の中心である場合には、特定の誰かとのやりとりについて相談されるかもしれません。このような場合、相談したことが本人の不利益につながらないように、また本人のプライバシーが守られるように注意することが必要となります。相談体制が適切に機能するように、これらのポイントも含めて、組織内に周知・共有できるよう、相談窓口の存在や利用についてのルールを明文化しておくことも必要でしょう。

合理的配慮は、障害者が職場にうまく適応し能力を発揮できるよう提供するものです。同時に、企業側がうまくマネジメントできないことも起こり得ます。特に、障害者本人からの求めがなく、企業側が合理的配慮が必要だと考え、本人と相談することなく配慮を提供しようとすると、それが本人の心の負担になってしまったり、特別扱いされたと捉えられたりすることも起こり得ます。

合理的配慮の提供に際しては、障害者本人と十分に相談をし、相互理解を深めながら方向付けを行っていくことが非常に重要となります。

障害者の差別禁止・合理的配慮の提供義務に係る相談等について

厚生労働省では、事業主による法令違反等事案に対し、ハローワーク等による助言・指導・勧告を行い、是正を促しています。そのためのアプローチとして、基本的には、障害のある従業員と事業主の話し合いによる自主的な解決を図っていますが、それが難しい場合には、関係当事者の申し立てに基づき、①都道府県労働局長による助言、指導または勧告、②障害者雇用調停会議による調停により、紛争の早期解決を支援しています。

都道府県労働局やハローワークで、令和4年度（2022年度）「雇用の分野における障害者の差別禁止・合理的配慮の提供義務に係る相談等実績（令和4年度）」によると、ハローワークに寄せられたこれらに関する相談は225件（前年比7・8%減）でした。

そのうち障害者差別に関する相談は37件（対前年度比32・7%減）、合理的配慮の提供に関する相談は188件（対前年度比0・5%減）でした。これらの相談の多くは、障害者や家族から寄せられていました（障害者213件、家族6件）。また、労働局長による紛争解決の援助申し立て受理件数は1件（前年度2件から減少）、障害者雇用調停会議による調停申請受理件数は9件（前年度10件から減少）しました。

障害者差別についての相談内容には、「募集・採用時（22・9%）」「配置（18・8%）」「賃金（12・5%）」に関するものが多く、次いで「解雇（10・4%）」、さらに「昇進」「労働契約の更新」「退職勧奨」（各6・3%）が見られました。合理的配慮の提供についての相談内容には、「上司・同僚の障害理解に関するもの（25・0%）」「業務内容・業務量に関するもの（17・7%）」「相談体制の整備、コミュニケーションに関するもの（13・3%）」の他、「就業場所・職場環境」「出退勤時間・休憩・休暇」（各9・7%）、「作業負担や移動負担（9・3%）」、「業務指示・作業手順（8・0%）」となっていました。これらの相談の中では法違反は確認されておらず、相談後、ハローワークからの助言等を実施したり、相談のみで終了したりしているものがほとんどでした。しかし、合理的配慮の提供については、法令違反による助言1件、紛争解決援助の申し立て受理件数1件、調停会議に

◉障害者差別および合理的配慮の提供に関する内容別相談件数の推移（過去5年間）

	平成30年度	令和元年度	令和2年度	令和3年度	令和4年度
障害者差別	62	75	69	55	37
合理的配慮の提供	186	179	177	189	188
合計	248	254	246	244	225

出典：令和5年5月31日厚生労働省報道発表資料

よる調停の申請受理件数9件となっていました。

これらの結果から見ても、合理的配慮の提供については、障害者本人との十分な相談・話し合いが必要不可欠であると言えるでしょう。

精神障害者と共に働く従業員のケア

本節では、まず認知障害がある人を雇用する際に社内で生じがちな問題を整理します。その上で、精神障害者と共に働く従業員へのケアについて考えていきましょう。

可能性のある最悪のシナリオ

第1章で、精神障害のような見えない障害を持つ人を雇用する場合、さまざまな作業の中で認知障害が影響を与える可能性があることを説明しました。そして、企業側が精神障害者の雇用を考える時、どのような問題が生じるか不安になってしまいがちであることも説明しました。

精神障害者の雇用を考える時、企業側は、なぜ不安や恐れを感じるのでしょうか。

その理由の1つは、精神疾患を持つ人の雇用について、多くの企業が既に失敗経験を持っていることかもしれません。精神疾患の1つであるうつ病は、働きすぎや過度なストレスによって引き起こされることもまれではありません。職場の上司や同僚が、うまく仕事ができなくなっていったり、出勤が不安定になっていったりする様子を、何もできずに見ていた経験を持つ人は多いでしょう。その上司や同僚がついにうつ病を発症し、休職することになり、一旦復職した後も以前のようには働けず、最後には辞めていくような状況もよくあることです。

このような失敗経験は、職場で共に働いている周囲の人たちにも影響を与えます。辞めていった人に対して、何もできなかったという無力感や、もしかしたら次は自分が発症するのではないかという不安感、発症したら職場にいられなくなるかもしれないという恐怖感などが、周囲の人たちの心に影を落としているかもしれません。特に、人事担当者であれば、いろいろな職場でうつ病を発症した人をなんとか復職へ導こうと努力し、うまくいかなかったことで傷つき、どうすればよかったのかと悩んでしまったこともあるのではないでしょうか。企業が新たに精神障害者を雇用しようとする場合、人事担当者や職場の人たちの心の中にある、こうした不安感や恐怖感が大きな障壁となります。

このような不安や恐れを感じながら、人事部の担当者は精神障害者を受け入れる部署を探し、彼らができそうな仕事内容について調整をしなければなりません。各部署の担当者も同じような不安や恐れを感じていることが多いので、なかなか折り合いがつかず障害者雇用の促進を担当する人事部が孤立することもよくあります。

なんとか社内の調整を済ませ精神障害者を採用することができても、そこからさらにさまざまな問題が生じます。

認知障害のある人は、しっかりとコミュニケーションが取れるにもかかわらず、作業で同じミスをしたり、なかなか仕事を覚えてくれなかったりします。上司や同僚も、どのように接したらよいか不安を感じながらも、最初の頃は根気よく教えようとします。ただ、面倒見がよいと言われている上司や同僚でも、何回説明してもミスが続いたりすると、時に感情的になってしまったり、諦めたりしてしまうかもしれません。そのような対応をされると、教わっている障害者は不安になり、出勤もおぼつかなくなってしまいます。一方で、うまく対応できなかった上司や同僚は、自分の言動が障害者を追いこんでしまったのではないかと気になり、徐々に疲弊してしまうかもしれません。

このような状態に至るのは、本質的には、組織的な障害者の定着支援や安全衛生管理の不足、障害者への支援方法などについての研修や指導体制の不備が原因と考えられます。しかし、多くの現場では、障害を持つ従業員に直接的に指導・支援する担当者の問題と捉えられてしまいます。担当者は上司から「障害を持つ人にあんなに強く言わなくても」などと言われてしまうかもしれません。特に、障害者の出勤が不安定になって休職に入ったりすると、直接指導していた上司や同僚は自責の念に駆られたり、周りからどう思われているのか不安になったりするかもしれません。この結果、引き起こされる最悪の事態は、せっかく雇用した精神障害者や、その支援を一生懸命した上司や同僚の、休職そして離職です。残念ながら、このような結果に陥る可能性は十分にあるのが現実です。

最悪の事態を回避するために

最悪の事態に陥らないようにするためには、精神障害者が職場に配置される段階で、受入部署の従業員に認知障害の特性や支援方法についての研修を行うことが1つの対策になります。周囲の人が、第1章で説明したような、精神障害者の持つ認知障害についての知識を持つことに加え、認知障害が疲労やストレスから影響を受けやすく不安定になりがちであることについて理解することが重要です。

さらに、認知障害の不安定さを軽減するためには、疲労やストレスを溜めすぎないよう適度な休憩を与えることが必要であることや、精神障害者から誤解されるような感情的な態度を取らないこと、作業の結果について明確なフィードバックを行うことなど、支援方法を学ぶことも必要です。

このような研修は、公的な就労支援の専門機関や就労支援サービスを提供している企業に依頼するなど、外部のリソースを利用するとよいでしょう。多くの精神障害者への支援経験を有する機関や、職場への定着支援を実践している企業などから、さまざまなノウハウを含めて情報を提供してもらうことで、社内の支援技術の向上につなげることが期待できます。

また、精神障害者が職場に入ってからは、誰が本人への指導を担当するのか、その担当者がうまく教えられない時、誰にあるいはどこに相談をすることができるのかなど、支援体制の整備を行っておきます。その上で、障害者本人が作業をうまく学ぶことができているか、よく分からないまま作業をしていて不安を感じていないかなど、具体的な支援の効果の確認を行うことも大切です。

特に、組織としての支援体制の整備は重要です。特定の個人1人に精神障害者への指導を負わせると、事態が悪化しても周囲が気づけず、どんどんひどい状態になる可能性が高くなります。精神障害者の雇用を成功させるには、組織的なバックアップ体制が必要です。

ただ、社内の支援体制を整備しただけでは十分ではないと感じることも多いでしょう。そのような場合には、公的な就労支援の専門機関から職場適応援助者（ジョブコーチ）に来てもらって支援の手助けを依頼することも1つの方法です。また、障害者の定着支援を行っている企業と契約し、雇用管理についての定期的な相談の場を設け、突発的な出来事や社内のノウハウだけでは解決困難な問題について助言を得られるような体制を整えることもできます。

さらに、業務量の過不足も、指導担当者個人では対応しにくいことの1つです。能力の向上に応じた業務内容の充実や、体調の悪化によって業務量がこなせない場合の対応等についても、組織的に対処できるよう準備しておくこともポイントになります。

このような体制を整備していても、時に精神障害者が不安定になることはあり得ます。たとえば、雇用した精神障害者が、強い不安に囚われた場合などに相談できるメンタルヘルスについての相談窓口や部署を、あらかじめ準備しておくことも1つの方法です。この相談窓口は、障害のある従業員だけでなく、周囲の従業員も利用できるようにするとよいでしょう。

また、社外のリソースを使うことも有効です。雇用した精神障害者が利用していた就労移行支援機関に相談したり、精神障害者へのメンタルヘルスに関するサポートを行っている企業と契約したりすることも選択肢となるでしょう。

精神障害者の受け入れの際に、このような準備を行うことは、精神障害者の職場定着を促進するためだけでなく、共に働くすべての従業員に対するケアという意味もあるのです。精神障害者の雇用によって生じるかもしれない最悪のシナリオに備えて、研修や体制の整備を図っていくことは、周囲の人たちの抱える不安感や恐怖感を軽減し、精神障害者雇用の成功へとつながるようになります。さらに、この取り組みは、社内のさまざまな人たちのメンタルヘルス対策としても役立つこと、企業全体のリスクマネジメントにつながっていくことを、企業側が意識しておくことが重要です。

障害者雇用は経営課題

ここまで、精神障害者の雇用によって生じ得る最悪の出来事について整理しました。これらはオペレーショナルリスクに分類される出来事です。オペレーショナルリスクとは、社内の業務の流れやシステム、あるいは担当者が不適切で機能しないこと、または社外の出来事から生じる直接的／間接的損失にかかるリスクと定義されます。障害者雇用におけるリスクは、基本的にはオペレーショナルリスクに分類されるものですが、このリスクはオペレーショナルリスクの範疇に留まらず、さらに大きなリスクへと発展していく可能性があります。

◉精神障害者の雇用により生じる可能性のある出来事とリスク

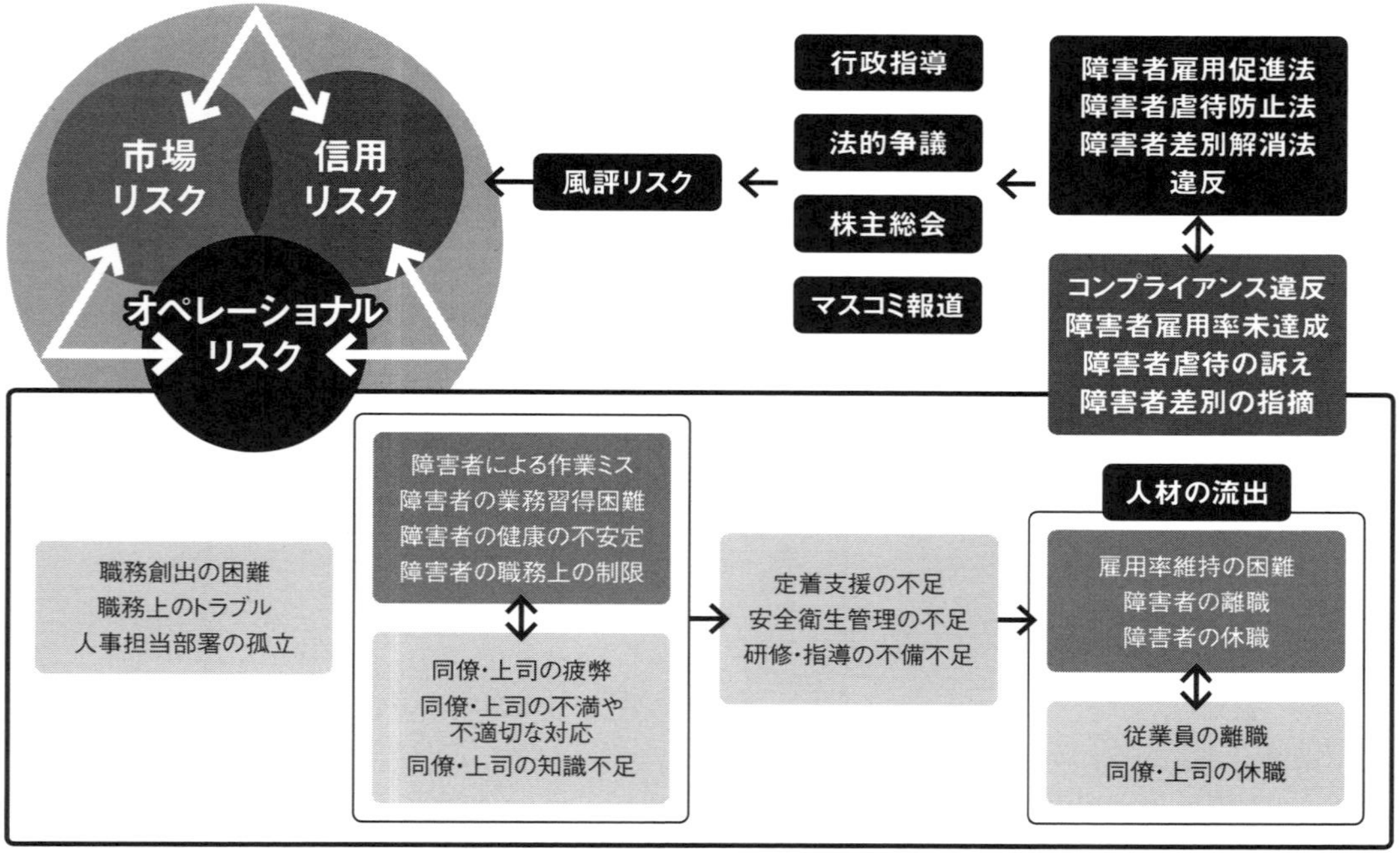
市場
リスク
信用
リスク
オペレーショナル
リスク
風評リスク
行政指導
法的争議
株主総会
マスコミ報道
障害者雇用促進法
障害者虐待防止法
障害者差別解消法
違反
コンプライアンス違反
障害者雇用率未達成
障害者虐待の訴え
障害者差別の指摘
職務創出の困難
職務上のトラブル
人事担当部署の孤立
障害者による作業ミス
障害者の業務習得困難
障害者の健康の不安定
障害者の職務上の制限
同僚・上司の疲弊
同僚・上司の不満や
不適切な対応
同僚・上司の知識不足
定着支援の不足
安全衛生管理の不足
研修・指導の不備不足
人材の流出
雇用率維持の困難
障害者の離職
障害者の休職
従業員の離職
同僚・上司の休職

障害を持った従業員やその上司・同僚が辞めてしまうことは、「人材の流出」という企業にとってのリスクとなります。また、このリスクは、離職に至る過程で障害者虐待や障害者差別といった問題や、結果としての法定雇用率の未達成など、コンプライアンス違反という問題を内包している可能性もあります。

ただでさえ人材の損失という最悪の出来事に晒されているのに、これらが顕在化してしまうと、行政からの指導や法廷での争い、さらには株主総会での厳しい指摘、マスコミ報道などのダメージが生じる可能性も考えなければならなくなります。企業が障害者雇い入れ計画の適正実施勧告に従わず、障害者の雇用状況に改善が見られない場合、厚生労働省は、障害者雇用促進法の規定により、企業名を公表することができます。

このようなリスクの顕在化は、風評リスクとあいまって、社会的な信用を損なったり、不買運動につながったりしてしまうかもしれません。現に違法残業やブラック企業などのコンプライアンス違反に対する、厚生労働省による企業名公表は、マスコミなどに取り上げられ、企業イメージや株価の低下を招いています。

このように考えると、精神障害者の雇用と定着支援の充実を図ることは、リスク回避につながる経営課題と捉えるべきことでしょう。

コラム③

合理的配慮、どこからが「過重な負担」？

企業は、基本的には障害者の求めに応じて合理的配慮を行わなければなりません。しかしながら、その実施に伴う負担が過重である場合は除くとされています。では具体的にどこから過重な負担とするか、次のケースで考えてみます。

A社は、システムエンジニアとして働く精神障害を持つ従業員から、「周囲の音や視線が気になるので個別のオフィスを用意してほしい」と求められました。A社ではオフィスフロアとは別に休憩スペースを設けているものの、個別のオフィスを用意するスペースはありません。

A社はどのように対応すればよいでしょうか。

合理的配慮の提供の判断についてはケースバイケースになります。厚生労働省の策定した合理的配慮指針によれば、過重な負担であるか否かを判断するにあたっては、次に掲げる要素を総合的に勘案しながら、個別に判断することとされています。

（1）事業活動への影響の程度
（2）実現困難度
（3）費用・負担の程度
（4）企業の規模
（5）企業の財務状況
（6）公的支援の有無

つまり、A社は個別のオフィス整備がオフィスフロアのレイアウト上、物理的に可能であるか、また仮に対応できる場合、個別オフィスの設置費用やその費用がA社の事業活動や財務状況にどの程度影響を与えるかを総合的に判断することになります。

仮に十分な空きスペースがなく、A社にとっては個別オフィスの設置はオフィスフロアのレイアウト上、物理的に可能ではないという判断に至った場合、前述の（2）実現困難度から過重な負担となりますので、提供義務はないと考えられます。

ただし、決して何もしないということではなく、配慮を求めた従業員にその旨を説明するとともに、過重な負担にならない範囲での合理的配慮に係る別の措置（たとえば、デスクに簡易パーテーションを設ける、座席の配置変更等）の実施が求められます。

なおその他にも、労働条件の変更、援助者の配置など本人の求めがあった場合には、同様に企業の過重な負担となる要素を勘案して判断するとよいでしょう。

Chapter

4

精神障害者を
職場に根付かせるために

受入準備

精神障害者の雇用を成功させるためには、障害者雇用のさまざまな場面で精神障害に対応するための手立てが必要です。本章では、受入準備・採用活動・職場定着の支援という3つの場面での具体的な手立てについて紹介します。

労働市場に対する理解

精神障害者の雇用を成功させるための最初のポイントは、受入準備の段階です。

ある企業が、障害者を雇用することにしました。障害者雇用を任された人事担当者は、どのような障害を持つ人が労働市場にいるのだろうと考えます。できれば、障害状況も安定していて合理的配慮等も分かりやすい身体障害者を雇用したいと考えるかもしれません。

しかし、第2章でも見たように、労働市場では身体障害者の新規求職者の数は右肩下がりになっています。しかも、障害者雇用を考えている企業の多くは、身体障害者を第一のターゲットと考えるので、身体障害者は引く手あまたです。どの企業でもよい人材に出会うと、なんとか採用に漕ぎつけようとして、条件面での駆け引きになることもあります。身体障害者で、十分な職歴があったり職業訓練を受講していたりすると、好条件の求人を選んで応募し相応の賃金で就職を果たすことも少なくありません。また、知的障害者を探そうと思っても、その多くは特別支援学校を卒業するまでの間に複数の職場実習を経験し、卒業時点でその後の進路が決まっていることも少なくありません。

そのため企業が自社のタイミングで障害者雇用を行う場合、身体障害や知的障害だけでなく、精神障害の人たちを視野に入れた採用活動を行う必要があるのです。

受入部署の選定

第1章で記したように、精神障害者保健福祉手帳の対象には、統合失調症・双極性障害・うつ病・てんかんという4つの疾患に加え、多様な精神疾患を持つ人や発達障害の人が含まれます。これらの障害を持つ人には、障害者手帳を取得していない人も多く、健常者と同じように学校で勉強をしていたり、会社に勤めていたりしています。

また、122頁の「可能性のある最悪のシナリオ」で触れたように、多くの企業では、元気に勤務していた従業員が、うつ病を発症し、雇用継続できなかった経験を持っています。あるいは、今、うつ病を発症している従業員の復職に向けた試みを行っているかもしれませんし、どう指導してもなかなか仕事を覚えられない発達障害の疑いを感じるような新入社員の対応に苦慮しているかもしれません。

そのような従業員が自社にいる場合、彼らにどんな業務ができるのか、どこの部署で受け入れることができるのか、どんな職域が合っているのか、これらのことを一つひとつ考えなければならない状況に置かれているかもしれません。

企業は、このような自社の現状を把握した上で、新たに雇用する障害者の受入部署を選定していくことになります。しかし、うつ病を発症し、休職・退職した人がいる職場では、本人の体調の変化に対応できなかったり、休職期間が長引いて現場が疲弊していたり、継続雇用がうまくいかなかったりなどの失敗経験を積んでいる場合がほとんどです。失敗した経験のある部署では、もう一度、精神障害者の雇い入れに取り組んでみようとは思わないかもしれません。このように考えると、最終的に、どの部署でも受入は難しいという状況に陥ってしまうことが多いのではないでしょうか。

受入体制の構築

このような問題への対処として、精神障害者の雇用について全社的な取り組みを展開するという方法があります。118頁の「合理的配慮に関するフォローアップ」でも触れた、相談窓口などの組織体制の整備が、その1つになります。どんな仕事を任せるのか、どんな受入体制が整えられるのかなどの検討を、受入部署のみに任せるのではなく、全社的な体制づくりから検討し実現していくという方法です。また、障害者だけでなく、周囲の人も、一緒に働く上で生じるさまざまな問題について相談に行ける相談窓口の設置なども、全社的な取り組みの1つです。

また、128頁で見たような社外のリソースを活用することも全社的な取り組みと言えるでしょう。外部の支援機関を活用し、障害者が社内では相談しにくいことでも第三者に気軽に相談できる体制を作ることも効果的です。さらに、精神障害者の受入に際し、第1章で述べたような障害特性や支援方法についての研修を企画・実施することも有効です。

このような全社的な取り組みを行うことで、従業員一人ひとりの、精神障害に対する抵抗感や不安感を払拭することができるかもしれません。このような取り組みを重ね、現場の理解を促すことが、受入部署を作り出すことにつながるのです。

精神障害者を受け入れる職場環境や労働条件を検討する必要も生じます。精神障害者は、一人ひとりの障害状況や配慮事項が異なります。採用前から、合理的配慮の内容などについて十分に聞き取ると共に、受入部署によく説明し、実現可能かどうかを調整し、受入体制を整えていく必要があります。また、他の従業員と異なる状況・条件で受け入れるのであれば、規定の変更等を行いながら制度を整えていくことも必要です。

さらに、長期間にわたる雇用の定着を図るのであれば、賃金の見直しのタイミングや昇給のための要件についても検討しておく必要があります。どのように本人の能力や実績を評価し、どんな昇格・昇給の計画を立てるのかというようなことも、雇用の準備段階で検討し、本人との間で共有しておけば、定着を促進することにつながるでしょう。

雇用計画のスケジューリング

いよいよ採用活動を始めようという段階になったら、いつ頃から始め、いつまでに雇い入れをするのか、どんな人材を採用ターゲットとするのか、採用を実現するための具体的な計画やスケジューリングを行います。

全国に19ヵ所の障害者職業能力開発校がありますが、たとえば、関東圏で職業訓練を受けた精神障害者を採用しようと考えるのであれば、3ヵ所の障害者職業能力開発校があります。東京障害者職業能力開発校（東京都小平市）、国立県営神奈川障害者職業能力開発校（神奈川県相模原市）、国立職業リハビリテーションセンター（埼玉県所沢市）です。それぞれの、入校の時期と修了の時期、訓練期間、就職活動を始める時期、これらを念頭においた求人のタイミングを計画します。

東京や神奈川の能力開発校であれば、春に入校し翌年の3月末に修了となるので、就職活動が始まるのはおおむね半年前の秋頃、9月から10月くらいになります。その頃に求人をその学校に向けて出すと、十分な訓練を受けた人に出会えるかもしれません。所沢の場合は、年間10回の入校の機会があります。障害種別によって入校時期が異なりますので、その情報を得て、求人を出すタイミングを計るということが必要になります。

毎年9月は障害者雇用支援月間とされており、各地でハローワーク主催の大きな面接会などが開催されます。面接会に参加するには、おおむね2ヵ月前にはハローワークに求人提出について相談し、面接会の情報を得て参加の手続きをする必要があります。面接会には多くの障害を持つ求職者が参加しますので、障害者雇用の労働市場を直接チェックする機会にもなります。

このような機会も活かして、少なくとも半期、あるいは年間での雇い入れ計画をつくり、スケジューリングすることが望ましいでしょう。

採用活動

障害者の採用にはいくつかの方法があります。求人媒体を使うのか、人材紹介サービスを使うのか、自社のウェブサイトで行うのか、ハローワークを使うのか、あるいはこれらを組み合わせる方法もあります。転職をサポートするかたちで人材紹介を行うサービスを利用する場合、コストがかかります。人材を紹介され、採用に至ると紹介料を支払うことになるからです。障害者雇用の実現に、どのくらいのコストを見込むのかを考えながら、求人の手段を決定することになります。

特例子会社を設置している企業の場合、特例子会社で障害者を雇用することにより、親会社もしくはグループ会社の雇用率を上げることができます。そのため、親会社では障害者の応募は受け付けず、すべて特例子会社で採用しようと考えることは、1つの考え方として理解できるところです。しかし、たとえば、求人への応募を増やすために、親会社と特例子会社の両方で障害者向けの求人を出しているのであれば当然、親会社への応募についても特例子会社への応募と同様に受け付けなければなりません。実際の雇用はすべて特例子会社で行うという方法は不適切であると考えられています。

ハローワークの活用

障害者が一番多く活用しているのは、やはりハローワークでしょう。ハローワークはさまざまな障害者支援機関の情報も持っていますので、企業にとっても第一の選択肢と言えるでしょう。ハローワークと連携を取っておくと、障害者向けの会社説明会を独自に開催することが可能な場合があります。最近は、会社説明会の実施を希望する企業が多くなり、なかなか日程の確保が難しくなってきているようですが、うまく関係づくりをして採用計画を明確に示しておくと、タイミングよく会社説明会を実施できることもあります。

ハローワークで求人を公開する場合には、ハローワークの窓口で十分に相談しましょう。求人票の書き方や内容等についての助言をもらいながら、求職者の目にとまる求人票の作り方を指南してもらえます。求人票の提出をした後も、応募を待つだけではなくハローワークに状況を確認したり、応募促進の方法を相談したりしてみることも1つの方法です。

ハローワークや求人サイトでは、求人情報を一定期間掲載し続けると、他の新しい求人に埋もれてしまい、だんだん求職者の目に入りにくくなってしまう傾向があります。そのため、1~2ヵ月に1回程度は、求人情報を更新し、求職者の目に留まりやすい状況を作るような工夫も必要です。

障害者雇用に係る助成制度

また、ハローワークでは、さまざまな助成金の活用について相談することもできます。障害者雇用に係る助成金の制度は、情勢の変化に合わせて毎年変更されます。どんな助成制度があるのか、どんな条件で活用できるのかなどを調べたり、問い合わせたりすることも、制度の活用を考えるのであれば必要となります。以下では、代表的な助成制度を幾つか紹介します。

特定求職者雇用開発助成金

特定求職者雇用開発助成金は、特定就職困難者コースと発達障害者・難治性疾患患者雇用開発コースがあります。

特定就職困難者コースは、高年齢者・障害者・母子家庭の母などの就職が特に困難な人を、ハローワークや民間の職業紹介事業者などの紹介により、継続雇用する事業主に対して助成する制度です。障害者に対するこの助成金には対象となる障害者を雇用保険一般被保険者として雇い入れ、継続して雇用している雇用保険適用事業所であれば、対象となる障害者に支払われた賃金の一部を助成するために支給されます。

発達障害者・難治性疾患患者雇用開発コースは、発達障害者や難治性疾患患者を継続雇用する事業主に対して助成する制度です。このコースでは、発達障害者や難病患者をハローワーク等の紹介により一般被保険者として継続雇用するために雇い入れる事業主に支給されますが、雇用時に雇用する労働者に対する配慮事項等を報告したり、雇い入れから約

6ケ月後にハローワーク職員等の職場訪問を受け入れたりすることが必要となります。さらに、このコースの対象となる方を「情報処理・通信技術者」や「データサイエンティストに関連する技術の職業」、あるいは「研究・技術の職業」などの成長分野の業務に従事させ、人材育成や職場定着に取り組む場合には、通常の1・5倍を助成する新たなメニューも設けられています。

各コースの支給対象となる障害者と支給額は、147頁の表のとおりです。

トライアル雇用助成金

障害者を対象としたトライアル雇用助成金には、障害者トライアルコースと障害者短時間トライアルコースがあります。これらは、障害者を試行的に雇い入れた事業主、または、週20時間以上の勤務が難しい精神障害者・発達障害者を、週20時間以上の勤務を目指して試行的な雇用を行う事業主に対して支給される助成金です。

障害者トライアルコースは、ハローワーク等の紹介により、就職が困難な障害者を一定期間雇用することで、その適性や業務遂行可能性を見極め、求職者および求人者の相互理解を促進し、障害者の早期就職の実現や雇用機会の創出を図ることを目的としています。

◉特定求職者雇用開発助成金（特定就職困難者コース）

対象労働者		支給額	助成対象期間	支給対象期ごとの支給額
短時間労働者以外の者	[1]高年齢者（60歳以上）、母子家庭の母等	60万円（50万円）	1年（1年）	30万円 × 2期（25万円 × 2期）
	[2]重度障害者等を除く身体・知的障害者	120万円（50万円）	2年（1年）	30万円 × 4期（25万円 × 2期）
	[3]重度障害者等（※1）	240万円（100万円）	3年（1年6ヶ月）	40万円 × 6期（33万円※× 3期）※第3期の支給額は34万円
短時間労働者（※2）	[4]高年齢者（60歳以上）、母子家庭の母等	40万円（30万円）	1年（1年）	20万円 × 2期（15万円 × 2期）
	[5]重度障害者等を含む身体・知的・精神障害者	80万円（30万円）	2年（1年）	20万円 × 4期（15万円 × 2期）

注：（　）内は中小企業事業主以外に対する支給額および助成対象期間です。
※1「重度障害者等」とは、重度の身体・知的障害者、45歳以上の身体・知的障害者および精神障害者を言います。
※2「短時間労働者」とは、一週間の所定労働時間が、20時間以上30時間未満である者を言います。
出典：厚生労働省ウェブサイト

◉特定求職者雇用開発助成金（発達障害者・難治性疾患患者雇用開発コース）

対象労働者	企業規模	支給額	助成対象期間	支給対象期ごとの支給額
短時間労働者以外の者	中小企業	120万円	2年間	第1期　30万円 第2期　30万円 第3期　30万円 第4期　30万円
	中小企業以外	50万円	1年間	第1期　25万円 第2期　25万円
短時間労働者	中小企業	80万円	2年間	第1期　20万円 第2期　20万円 第3期　20万円 第4期　20万円
	中小企業以外	30万円	1年間	第1期　15万円 第2期　15万円

※短時間労働者とは、1週間の所定労働時間が20時間以上30時間未満である者を言います。
出典：厚生労働省ウェブサイト

ただし、対象となるのは、継続的な雇用を希望していて、障害者トライアル雇用制度を使って働くことに挑戦することを希望している重度障害・精神障害のある方に限定されます。このコースの支給額は、対象労働者が精神障害のある方の場合は、月額最大8万円を3ヶ月と月額最大4万円を3ヶ月の最長6ヶ月間となります。重度障害のある方の場合には、月額最大4万円を最長3ヶ月間となります。

障害者短時間トライアルコースは、継続雇用することを目的に、障害者を一定の期間、試行的に雇用することで、雇い入れ時の週10時間以上20時間未満の所定労働時間を、障害者の職場適応状況や体調等に応じて、期間中に20時間以上にすることを目指す制度です。障害者トライアルコースと同じように、対象となるのは、障害者短時間トライアル雇用による雇い入れについても希望している精神障害者または発達障害者に限られます。このコースの支給額は、支給対象者1人につき月額最大4万円（最長12ケ月間）となっています。

キャリアアップ助成金（障害者正社員化コース）

キャリアアップ助成金（障害者正社員化コース）は、障害者の雇用を促進するとともに職場定着を図るために、有期雇用労働者を正規雇用労働者（多様な正社員を含む）または

◉キャリアアップ助成金（障害者正社員化コース）

【支給額】（　）内は中小企業以外の額 支給対象者1人あたり、上記の額を支給します。

支給対象者	措置内容	支給総額	支給対象期間	各支給対象期における支給額
重度身体障害者、重度知的障害者および精神障害者	有期雇用から正規雇用への転換	120万円（90万円）	1年（1年）	60万円×2期（45万円×2期）
	有期雇用から無期雇用への転換	60万円（45万円）		30万円×2期（22.5万円×2期）
	無期雇用から正規雇用への転換	60万円（45万円）		30万円×2期（22.5万円×2期）
重度以外の身体障害者、重度以外の知的障害者、発達障害者、難病患者、高次脳機能障害と診断された者	有期雇用から正規雇用への転換	90万円（67.5万円）		45万円×2期（33.5万円※×2期）※第2期の支給額は34万円
	有期雇用から無期雇用への転換	45万円（33万円）		22.5万円×2期（16.5万円×2期）
	無期雇用から正規雇用への転換	45万円（33万円）		22.5万円×2期（16.5万円×2期）

支給対象者1人あたり、上記の額を支給します。

支給対象期間1年間のうち、最初の6ヶ月を第1期、次の6ヶ月を第2期と言います。

ただし、この支給額が、各々の支給対象期における労働に対する賃金の額を超える場合には、当該賃金の総額を上限額とします。

出典：厚生労働省ウェブサイト

無期雇用労働者に転換する措置や、無期雇用労働者を正規雇用労働者に転換する措置のいずれかを、継続的に行った場合に受けることができる助成金です。支給対象者1人あたりの支給額は、本頁上部の表のとおりです。

この助成金は、安心して長期に働きたいと考えている多くの障害のある方の願いを、実現させる可能性を高める重要なアプローチの1つです。障害のある方一人ひとりが、さらに活躍できる社会を作り出すために、このような助成金の活用を企業側が検討することも、とても大きな一歩になるのではないでしょうか。

障害者雇用納付金制度に基づく助成金

障害者雇用納付金制度に基づく助成金には、さまざまな種類があります。ここではその幾つかをご紹介します。

障害者作業施設設置等助成金・障害者福祉施設設置等助成金は、事業主が障害者を雇用するために、作業施設、福祉施設等の整備を行う場合に利用できる助成金です。

障害者介助等助成金は、雇用管理のために必要な介助等の措置を行う事業主の方への助成金です。この助成金の対象には、職場介助者の配置や委嘱、継続、手話通訳・要約筆記等担当者の委嘱、障害者相談窓口担当者の配置、重度訪問介護サービス利用者等の職場介助、職場支援員の配置・委嘱が含まれています。

職場復帰支援助成金は、中途障害者等に対して、職場復帰後の本人の能力に合わせて、①時間的配慮、②職域開発等、③①②に伴う講習の実施など、職場復帰のための措置を講じる場合に利用できます。

重度障害者等通勤対策助成金は、重度障害のある方の通勤を容易にするための措置を行う事業主等の方への助成金です。

重度障害者多数雇用事業所施設設置等助成金は、障害者を多数継続雇用していて、施設等の整備等を行う事業主の方への助成金です。

職場適応援助者助成金は、職場への適応に課題を抱える障害者に、訪問型・企業在籍型の職場適応援助者による支援を実施する場合、その費用の一部を、一定期間助成するものです。

これらの障害者雇用納付金制度に基づく助成金の申請先は、独立行政法人高齢・障害・求職者雇用支援機構です。

その他の助成制度

その他雇い入れ時以外の助成金として、施設等の整備や適切な雇用管理の措置を行った場合、職業能力開発をした場合、職場定着のための措置を実施した場合などの場面に応じたさまざまな助成金があります。特に2024年度(令和6年度)より障害者雇用の経験・ノウハウが不足する事業主への障害者雇用に関する相談援助のほか、加齢により職場への適応が困難となった障害者の雇用継続のための支援を新たに行うとともに、雇い入れ時等の介助者、ジョブコーチ、専門職等による職場への定着支援の拡充が予定されています。厚生労働省のウェブサイトには、助成制度の詳細が示されていますので、ご参照ください。

応募者への対応

採用活動を行う際に、応募者への対応はとても重要です。求人を出すと、いろいろな問い合わせが、電話やメールで来るようになります。これらの問い合わせへの対応はもちろん、応募書類の受付後の対応もスムーズに行いましょう。

たとえば、9月の障害者雇用支援月間は、毎年多くの障害者が就職活動をするタイミングです。いろいろな人に会える機会も増えますが、一方で、多くの人が並行して複数の会社の選考を受けている時期でもあります。そのため、応募している別の会社から内定をもらう場合も当然あるわけですから、この時期に採用活動を行うのであれば、スピードが重要ということになります。一次面接までのスピード、一次面接から二次面接までのスピード、最終選考に至るまでのスピードなど、社内での決断の早さが採用の成否を分けるカギになります。

応募者への対応を迅速に進めるだけでなく、入社の準備についても、あらかじめしておく必要があります。

雇い入れ通知書の準備や、合理的配慮の必要性・対応可能性の検討、障害特性に合わせた合理的配慮に関する社内ルールの構築なども、採用活動の段階から検討しておくと後々スムーズに運びます。

面接で確認したいこと

いよいよ精神障害者との面接となった場合、どのようなことを確認しておくとよいのかを見ていきましょう。

障害の状況

まず、障害の状況や健康状態について確認しましょう。精神障害者の場合、治療や服薬を継続的に行っていることが多く、通院状況を確認することが必要です。特に、本人と主治医との関係性について確認することが重要です。本人が職場の中で苦しい・辛いと思った時に相談できる関係性かどうか、場合によっては、会社から主治医に問い合わせることができるのかなどについても確認しておきたいところです。本人の状態が不安定になってきたと感じた時に、安定を促すアプローチを第一に提供してくれるのは主治医です。本人が、主治医や医療機関と、しっかりと相談ができる間柄かどうかを確認しておくことは、精神障害者の安定的・長期的な定着をめざす上で重要なポイントになります。

日常生活のリズム

日常生活のリズムについての確認も重要です。何時に起きて、どのような生活をしているか、食事のタイミングがきちんと整っているか、睡眠のリズムが安定しているかなどを確認します。

求職活動中の生活リズムのままで、職業生活にスムーズに移行できるとは限りません。就労移行支援機関のサポートなどを利用しながら、日常生活のリズムを整えておく努力をしていないと、就職後の生活の変化にうまく対応できないかもしれません。たとえば、フルタイムで就職すると、通常1日8時間仕事をすることになります。たとえ、就労移行支援機関を利用して環境の変化に備えていたとしても、日常生活のリズムは就職前とは変わってしまいます。すると、いつの間にか、寝不足になったり過労気味になったりして、障害状況が不安定になるということを想定しておかねばなりません。

応募者の現状の1日の活動内容は、職場とどのくらい違いがあるのかを聞き取り、それらの情報から、どのように本人の生活が変わるのかを想定し、就労の可能性や受入方法を検討していく必要があります。

通勤能力

通勤能力の確認も必要です。通勤時間帯の満員電車に1時間乗ってくるということは、障害の有無にかかわらず相当なストレスがかかります。発達障害であれ精神障害であれ、公共交通機関を1人で利用できるという場合でも、通勤可能な範囲はそれほど広くはないと考えましょう。

本人が大丈夫だと言っていても、長時間通勤を続けていくと、少しずつ調子を崩してしまうこともよくあります。本人ができると言っている通勤時間が妥当なのかどうなのか、現実的に検討することが必要です。

作業能力の確認と休憩の必要性

長時間の立ち作業や長時間のパソコン作業が可能かどうかを検討するためには、基礎体力や基本的なパソコンスキルを持っているのか確認することもポイントとなります。職歴に応じた作業能力を持っている人もいれば、疾病の影響で以前と同じようには作業ができなくなっている人もいるからです。以前どのようなことができていたのかではなく、現在どのような作業能力を持っているのかを確認することが必要です。精神障害者の場合、連続して長時間作業を続けることは、なかなか難しいと考えるべきでしょう。

精神障害者が長時間にわたって作業能力を発揮するためには、休憩の取得のタイミングや必要な休憩時間について確認することも重要です。精神障害者の場合、おおむね30分から1時間くらい作業し、その後5～10分くらいの休憩を挟むことで、安定して作業が継続できるという人が多いと考えられます。適切な休憩の頻度やタイミングの提供は、精神障害者が作業能力を安定して発揮するために必要な合理的配慮の1つです。一般の従業員と比較して休憩が多いように感じるかもしれませんが、パソコンスキルなどの作業能力を支える重要なポイントと捉えて、必ず確認をしておきましょう。

就労意欲と対人態度

本人が働く目的や給与の使い方など、いわゆる就労意欲についても聞いておきましょう。就業後、本人が不安定になり崩れかけた際に、安定を図るための相談の中で、初心に戻しモチベーションの維持を図ることなどに役立つかもしれません。

職場定着をめざす上で一番重要な確認のポイントは、対人態度かもしれません。学習をする場面や作業を教えられたり注意を受けたりした時に、どんな態度を取るか、ということです。人に助言をされてもそれを受け入れることができない、分からないことがあっても質問をすることができない、誰かからのちょっとした心づかいに対し感謝の言葉を述べることができない、といった対人態度は、だんだんに積み重なって人間関係の問題へと発展しがちです。このような対人態度について、面接や適性試験の場を使って確認しておきましょう。

ストレス耐性

精神障害や発達障害の人は、自分の障害を認めることが難しい場合があります。また、作業能力の基礎となる認知能力の不安定さや感情のコントロールの難しさが課題になることもしばしばです。

このような障害特性について、しっかりと確認するためには、面接の機会を一度だけに限定せず、二度、できれば三度くらい持ち、日を改めてもいつも同じような態度が取れるのか見ていくことも1つの方法です。面接が複数回設定されていて、二次面接・三次面接へと進むと本人にはストレスがかかってきます。面接が進むにつれ採用の可能性は高まりますが、不採用になった時のショックも大きくなります。不安傾向が強い人であれば、このストレスによって少し言動が変わることもあるかもしれません。複数回の面接を通じて、本人のストレス耐性について観察していきましょう。

支援機関・家族

公的な就労支援の専門機関を利用しているかどうかもチェックポイントの1つです。支援機関のサポートの良し悪しもありますが、支援機関との信頼関係が構築できている人は、自分自身に必要なサポートが何かを知っていて、支援機関をうまく利用できている人であると考えられます。他者との信頼関係が築ける人なのであれば、会社からのサポートを素直に受け入れられることも十分に期待できます。というのは、支援機関をうまく利用できなかったり、家族との関係構築ができなかったりする人は、他者からのサポートを受け入れずに、被害的な態度や攻撃的な態度を取ってしまうことがよくあるからです。支援機関との関係性がしっかりしている人かどうか、支援機関が本人のニーズを把握しサポートできているのか、といった点についても面接の中で確認しておきましょう。

家族との関係性や連絡体制についての確認も必要です。精神障害の人や発達障害の人が、単身で生活をしていると、どうしても日常生活の乱れが見えにくくなってしまいます。たとえ一人暮らしでも、本人と家族との関係性がよく、いつでも連絡し合える状況にあると、関係性がない場合に比べてずっと日常生活の乱れが把握しやすくなります。職場でのストレスや疲労は、日常生活の乱れに直結していきます。日常生活の乱れを早期に把握することができれば、安定化のための予防措置を取りやすくなります。企業が家族との連携を取ることができるかどうかは、安定的な雇用を長期にわたって維持できるかどうかのポイントになるのです。

障害の受容

最後は、自分自身の障害状況や障害特性について、自分から丁寧に伝えられる人かどうかです。これができるようになることは、本人にとってとても大変なことです。自分自身の弱いところ、自分から見ても嫌なところを他の人に伝えるということは、簡単なことではありません。

しかし、自分自身について伝えられないということは、自身の障害や嫌な部分を受け入れたくないという考えを持っているということでもあります。職場に入って自分の障害状況を理解してもらい合理的配慮の提供を受ける以前に、そもそも自分自身が自分の障害を理解し受け入れることができていないということもあり得ます。このような状態では、自分自身の障害の影響が職場で表れてきた時、それを受け止められず自ら崩れてしまうという可能性があることになります。

求職者にとって厳しいことではありますが、面接では、はっきりと障害状況や障害特性について自分から丁寧に話せるような自己受容が整っているかどうかを確認しましょう。そして、そのような内容を丁寧に説明できた求職者に対しては、その努力を認め、ねぎらいの言葉を少しでもかけていただければと思います。

さまざまな就労移行支援機関

障害者の就労を支援するために、数多くの就労移行支援機関が設置されています。国や独立行政法人による公的な専門機関から、社会福祉法人や民間企業による就労移行支援事業所まで、さまざまな形態の就労移行支援機関が障害者の就職や職場定着のためのサポートを行っています。

以下では、令和４年（２０２２年）１月21日と４月12日に行われた第１１３回および第１１６回厚生労働省労働政策審議会障害者雇用分科会資料、令和３年６月21日に行われた第１１２回社会保障審議会障害者部会資料をもとに、それらの就労移行支援機関の機能やサービス内容について整理しました。

ハローワーク

厚生労働省は全国にハローワークを５４４ヵ所設置しています。ハローワークでは、就職を希望する障害者の求職登録から職業紹介、就職後のアフターケアまで一貫して利用できるよう、専門職員や職業相談員を配置し、障害の種類・程度に応じたきめ細かな対応ができるよう体制を整えています。

ハローワークは、地域の就労支援機関の中心的役割を持ち、福祉施設等の利用者をはじめ、就職を希望する障害者一人ひとりに対して、ハローワークの職員と福祉施設等の職員、その他の就労支援者がチームを作り、地域が一体となって支援できるよう連携を重視しています。

また、精神障害者の就職の可能性を高めるため、精神障害者雇用トータルサポーター（2022年度で229人）を配置し、求職者に対するカウンセリングや就職に向けた準備プログラムを実施したり、事業主に精神障害者等の雇用に係る課題解決のための相談・援助等を行ったりしています。また、難病患者サポーター（令和3年（2021年）度、51人）を配置したり、発達障害者雇用トータルサポーター（令和2年（2020年）度、47人）を配置したりし、多様化している障害のある求職者に対し適切な対応を行えるよう体制を整えてきています。

地域障害者職業センター

独立行政法人高齢・障害・求職者雇用支援機構が運営している地域障害者職業センターは、

各都道府県に1所ずつ、旭川・多摩・豊橋・南大阪・北九州の5つの支所を加えて、計52所が設置されています。地域障害者職業センターには、障害者の就労支援の専門家として障害者職業カウンセラーが配置され、障害者一人ひとりのニーズに応じた職業評価、職業指導、職業準備支援、職場適応援助者（ジョブコーチ）支援、主治医等の医療関係者との連携による精神障害者総合雇用支援等の専門的な職業リハビリテーションと、事業主に対する雇用管理に関する助言等を実施しています。

障害者就業・生活支援センター

障害者就業・生活支援センターは、都道府県知事が指定した社会福祉法人、NPO法人等が運営しており、令和3年（2021年）4月現在336ヶ所が設置されています。各地域にある障害者就業・生活支援センターでは、障害者の身近な地域の中で、雇用や保健・福祉、教育等の関係機関と連携しながら、就業面や生活面について職場や家庭への訪問等を通して一体的な相談支援を実施しています。

就業面での支援では、就職に向けた準備支援（職業準備訓練、職場実習のあっせん）、就職活動の支援、職場定着に向けた支援に加え、個々の障害特性を踏まえた雇用管理についての助言や関係機関との連絡調整などを行っています。

生活面での支援では、日常生活・地域生活については、生活習慣の形成や健康管理についてのアドバイス、金銭管理等の日常生活の自己管理に関するアドバイスを行っています。また、障害者のニーズに応じて、住居などの生活設計に関する助言や、余暇活動など地域生活への参加への支援なども行っています。

全国の障害者就業・生活支援センターの支援対象となった障害者数は、2020年度の実績で、204,394人となっており、相談・支援件数は実に支援対象障害者で1,280,416件、対事業所で437,536件に支援を行っています。さらに、一般事業所への就職件数は14,984件（就職率72.7%）、就職後1年の時点での職場への定着率は81.2%という実績を上げています。

就労移行支援事業所（障害福祉サービス）

就労移行支援事業所は、株式会社や社会福祉法人、医療法人、NPO法人などの法人が運営する障害福祉サービスの1つです。就労移行支援事業所では、一般就労をめざしている65歳未満の障害者で通常の事業所に雇用される可能性がある人に対し、標準的な支援期間を2年以内として設定し、就労移行支援事業所内での作業体験や企業実習、適性にあった職場探しや職場訪問、就職後の定着支援などを行っています。就労移行支援事業所の数は、令和3年（2021年）4月時点で、2，992事業所となっており、35，716人の障害のある方が利用しています。また、就労移行支援事業等から一般就労への移行率は、毎年上昇しており、平成15年（2003年）1，288人だったものが令和元年（2019年）には21，819人と17倍になっています。

就労定着支援事業

就労定着支援事業所では、就労移行支援等を経て一般就労した障害のある方への職場定着を図るため、相談や指導、助言を行っています。就労定着支援事業所は、令和3年（2021年）4月時点で1，343事業所が業務を行っており、利用者数は13，141人となっています。

職業リハビリテーションを提供しているこれらの支援機関では、専門的人材の育成が必要とされており、専門的人材を育成するための研修が徐々に体系化されてきています。

職場定着の支援

晴れて採用が決まったら、次は職場定着の支援のステップです。また、2023年4月から施行される法改正により、事業主には、障害のある従業員に対する職業能力の開発と向上に取り組むことが、雇用の質の向上を図るための責務として求められることになりました（107頁）。しかし、精神障害者の障害状況は不安定で、職場環境が新しくなったり、新たな作業を担当することが急に求められたり、より速い作業速度を求められるようになったりすると、疲労やストレスが大きくなり、メンタルヘルスの悪化につながってしまうことも、よく起こります。法改正によって、職業能力の開発と向上に取り組むことが事業主の責務となったからといって、他の従業員と同じようなやり方で対応しようとすることは、精神障害者の定着を図る上では、全く逆の結果につながりかねないのです。

一方で精神障害者には、身体的な障害も、知的な障害もありません。認知障害（46頁）に対し、適切な配慮をし、作業を丁寧に教え、支援を継続することで、さまざまな仕事に対応できる可能性を持っています。受入部署の人が丁寧かつ的確に支援をし、随時、適切なコミュニケーションを取ることができれば、さまざまな仕事に対応できる可能性は十分にあります。

セルフマネジメントスキルの向上

では、精神障害者の職業能力の開発と向上のために、どのように取り組んでいけばよいのでしょうか？　取り組みの大きな方向性は、セルフマネジメントスキルの向上をめざすことです。たとえば、理想的な作業についてのセルフマネジメントについて考えると、まず、周囲の同僚や関係する作業をしている人に気を配りつつ、自分がこれから行う作業や時間を自分で決めて準備をし、上司に作業の開始を伝え、自分で正確性や作業ペースを確認しながら作業を実施し、自分の行った作業の結果（正誤や数量）を自分で確認した上で、作業結果を記録し、上司に報告できるようになることです。しかし、採用後すぐにこのようなセルフマネジメントができる人はいないでしょう。特に、精神障害者の場合には、過去の辛い経験によって、他者からの視線や評価を気にしたり、上司・同僚とのコミュニケーションが苦手だったり、作業のミスや失敗をひどく恐れたり、作業の手順や結果の正誤の学習に時間がかかったりすることもよくあります。そのため、採用後すぐに理想的なセルフマネジメントを求めることは難しいのです。逆に、精神障害者がすぐにはセルフマネジメントスキルを学べないからといって、これらのスキルの向上をめざすことなく、常に管理者や上司が指示を出したり結果を確認したりし続けると、自分は仕事ができない、信頼されていないなどの思いが強くなり、かえってメンタルヘルスを崩してしまうかもしれません。

そのため、セルフマネジメントスキルの向上は、段階的なステップを踏んで、少しずつ身につけられるよう支援することが重要です。

最初のステップは、支援者からの指示によって取り組むことから始まります。作業や休憩、心の問題への対処の練習など、後々自律的に行って欲しいことはすべて、まずこのステップから始まります。このステップを繰り返すことで、適切な作業手順や正誤の判断、伝達や報告の仕方、適切な休憩の時間や過ごし方、心の問題への具体的な対処などを、一つひとつ学んでいきます。

このステップの中で、これらそれぞれに複数の取り組み方を身につけることができたら、今度は、選択のステップです。選択のステップでは、複数の取り組み方について、支援者が選択肢として示し、それらに取り組む本人は自分が行うこと（作業内容や時間、休憩の内容や時間、心の問題への対処方法など）を選んで行動に移します。精神障害者にとって、この選択というステップは、自己決定に伴う、考えるというコストと責任を負うというリスクを少しずつ軽くすることができる、重要なステップとなります。この選択のステップを繰り返すことで、自分が行うことについて考え選択し、自分が行った行動の結果（達成感）を十分に味わう機会を得ることができます。そして、その結果の多くが望ましいものであれば、だんだんに自分に対する自信と信頼を感じることができるようになります。

そして、次のステップは、自分で計画を立て実行するステップです。このステップでは、これからの半日や一日、一週間の間に取り組む作業や休憩、心の問題への対処などについて、自分で計画し、実行し、その結果を記録・報告することに取り組んでいきます。

このようなセルフマネジメントのスキルを、段階的なステップを踏んで向上させていくことは、単に精神障害者が労働者として、自分自身を適切にセルフマネジメントすることができるようになるだけではなく、新しい仕事や人間関係などに向き合っていく下地を、自分の中に作り出していくことにつながるでしょう。

このようにセルフマネジメントスキルの向上は、精神障害者が企業に役立ち、なくてはならない存在になっていくための、重要なステップです。このようなスキルを身につけることは、考えるコストと責任を負うリスクを伴いますが、それらは働く喜びや、自分への自信と信頼にもつながっています。このようなスキルの向上に、勇気を持って取り組むことは、精神障害者にとって必要不可欠な能力開発の取り組みなのです。

目標設定

精神障害者は、将来のことを考えると不安になり、不安定になってしまうことがあります。そこで、仕事内容や勤務条件などについて、余裕を持って取り組める範囲で具体的な目標を設定すると、将来への見通しや努力の方向性を持ちやすくなります。たとえば、どの程度の期間で、どのくらいの仕事ができるようになってほしいのか、あるいは、日々の勤務時間について、どのくらいの時間数からはじめて、いつを目途に何時間くらいまで延ばしたいのかなどです。また、それらが実現できるよう、目標に向けた行動を日々、安定的にできるよう支援することで、長期的な定着を促すことにつながります。

気を付けなければならないことは、目標を設定することが、「○○までに△△をしなければならない」というような厳しいルールやノルマのように受け止められないようにすることです。精神障害者がそのように受け止めてしまうと、自分を追い込んだり、達成できなかった時にはどうなるのか不安になったりする場合もあるからです。目標は将来の展望の1つであって、必ず達成しなければならないものではないこと、何よりも毎日安定して勤務でき一定の仕事を継続できる状態が第一であることを、伝えておくことが重要になります。

疲労やストレスへの配慮

精神障害者は、その障害特性上、疲労やストレスによって不安定になることがあります。しかし、本人が疲労やストレスへの対処の必要性を十分に認識できていなかったり、他者の期待に応えようと休むことなく仕事に没頭したり、仕事に集中しすぎて自分の状態に気づけなかったりすることが、よく起こります。疲労やストレスへの対処について、周囲が休憩を促すなどのフォローをすることで、急に調子を崩したりせず安定して仕事を続けることができるようになります。そのためには、休憩を取りやすい雰囲気作りや相談しやすい環境作りなど、組織的なマネジメントが必要です。

心理的なフォローを行う場面としては、定期的な面談が一般的です。自分から相談することが苦手な人や、自分が頑張る以外の問題解決の方法を考えられない人もいます。定期的な面談を行うことで、本人の置かれている状況や抱えている問題への考え方などを整理し、一緒に問題解決の方法を考えていくよう支援をすることが、安心と信頼を築くことにつながります。できれば、毎週1回は面談の場を設け、心配なことや気になること、どうしたらいいのか分からないこと、日常生活の変化や疲労の程度などについて確認していくことも、長期の定着を促すサポートになります。

メンタルヘルスの維持

一定以上の雇用期間を達成すると、さまざまな仕事ができるようになっていきます。すると、その人は会社にとって必要な人材となります。その人が離職してしまうと、同じような障害特性を持つ人を新たに雇い入れ、また半年、1年と時間をかけて育てていかなければならなくなります。

一定程度の仕事ができるようになったら、今度は定着させていくサポートが必要になります。通常、仕事も安定してきたから十分独り立ちできるだろうと思って、本人との面談や周りからの声かけが少なくなっていきます。ただ、そうした周囲からの関わり方の変化が、精神障害を持つ人にとってはネガティブなものに感じられ、「自分は必要とされなくなったのでは」という不安感へとつながる場合があります。本人の中で何かが崩れ始めたことに周囲が気づかず対応が遅れてしまい、離職へとつながることも起こり得るのです。これらのことを予防するために、精神障害者の定着サポートでは、メンタルヘルスの維持のための支援を充実させることが必要です。

しかし、精神障害者への支援を企業内だけで行おうとすると、無理があるかもしれません。上司や同僚が、本人の受け止め方に注意をしながら声かけをしても、その人たちの職場内での立場や役職によっては本人がプレッシャーを感じ、ストレスを溜める原因になることも多いからです。このように考えると、精神障害者の職場定着のためのメンタルヘルス支援を提供している外部のリソースを活用することも1つの方法と言えるでしょう。

職場環境の安定

職場環境の変化にも注意を向ける必要があります。人事異動などで、同僚や上司が変わった時などには特に注意が必要です。新たな同僚や上司が障害に対して適切に理解しているのかどうか、精神障害に対して偏見や恐怖心を持っていないかなどが、大きなポイントになります。上司が変わったことで、精神障害者の職場への適応が阻害されてしまうことは、よく起こります。今まで、本人の状況をよく理解し配慮してくれていた上司がいて、うまく適応できていたものが、新たな上司が能率・効率重視というテーマを持ってマネジメントをしはじめ、急に方向性が変わった結果、対応できなくなって不安定になったり離職したりすることもあります。

このような極端な変化が生じないよう、職場環境を安定させておくことが定着の基本となります。受入部署で一緒に働く人たちに十分に障害特性に対する理解を持ってもらうよう、定期的に研修を実施することも1つの方法です。

さらに、本人の職務能力の向上を促すための研修と無理のない範囲での職務の拡大、職務拡大のための環境の改善などを継続的に行っていくことも必要です。たとえば、本人の職務能力の向上を促すために、模擬的な作業を用いた訓練を行い、実際の作業時に見られがちなミスの傾向を明らかにし、ミスをなくすための対策を徹底するよう支援することもできるでしょう。また、在職中の障害者に対して高度なパソコンスキルの習得や経理事務能力の向上のための職業訓練を行っている外部リソースを活用することも可能です。このような訓練や研修、そして新たな職務へ挑戦する機会を精神障害者に提供することは、本人ができる仕事の範囲を拡大していくことにつながり、やりがいや企業への帰属意識の向上を図ることにつながるでしょう。このような研修や職場環境の改善等が、精神障害者を定着させるために必要とされている、企業側の努力なのです。

以上のような定着支援を実践することが、効果的な障害者の雇用と戦力化の実現へとつながるはずです。

コラム④

精神障害者の雇用と手帳の有効期限

精神障害者保健福祉手帳には2年という期限があります。手帳の更新は、医師による診断書または障害年金もしくは特別障害給付金を現に受給していることを証する書類（年金証書等）の写しによって、各都道府県の保健福祉センターで判断されます。精神障害にはF0～F99に分類されるさまざまな障害があり、その中には気分障害やアルコール依存症といった、症状が軽くなったり、完治する障害も含まれます。そのため、場合によっては、手帳の更新が認められない可能性があるということを、人事担当者は知っておかねばなりません。

もし、雇用した精神障害者の病状がよくなり、手帳の更新がされなかった場合、事業主にはどのような対応が求められるでしょうか。

まず、手帳所持者ではなくなったことを正確に把握する必要があります。手帳所持者でなくなれば、当然法定雇用率のカウント対象ではなくなります。仮に既に手帳を返還した従業員がいることを知らずに、例年どおりに1カウントとして雇用状況を報告してしまった場合、不正な報告となってしまいます。そのようなミスを避けるため、手帳の更新時期を管理しておくとよいでしょう。

また、雇用形態が期間の定めがない正規雇用であった場合、手帳の不所持を理由に解雇をしてしまうと、労働基準法に違反してしまいますので注意が必要です。

では、期間に定めのある雇用形態であった場合はどうなるでしょうか。

当然、手帳の不所持を理由とした解雇は不当解雇となります。一方、契約の更新をしないという形（雇い止め）は法律上の問題はありません。ただし、非正規雇用であって、定められた期間ごとに定められた手続きを経ずに契約を更新していた場合は、雇い止めではなく解雇とみなされる可能性もあります。

安定的な就労によって障害の症状がよくなっても、対応次第では本人や事業主にとって不利益が発生してしまう可能性もあり得ます。手帳所持者ではなくなった後も本人が引き続き雇用を希望する場合のトラブルを未然に防止するため、手帳の更新時期に加え、本人の手帳更新の意思確認をしておき、医療機関・支援機関と密な連携を取るようにしておくことが望ましいでしょう。

Chapter

5

事例で学ぶ「つまずき」の原因と対策

これから、精神障害者の雇用を進める中で起こりがちな問題や失敗などの「つまずき」とその対策について15の事例から学んでいきましょう。それぞれの事例では、まず障害種別を示しつつ、各事例の状況や問題を紹介します。次に、各事例において、どの時点で、どのような対策を行っておけばよかったのかを、「ターニングポイント」として示しながら、解説と助言を行っていきます。

では、ケーススタディを始めましょう。

事例1

担当業務の選定

障害種別 精神障害

会社として障害者雇用を進めることになり、精神障害者のAさんを、フルタイム勤務（9時～18時）で採用しました。

いざ採用が決まったところで、人事・総務部内や経理部内でも、Aさんに合わせた仕事を考えたのですが、それぞれの職場から「難しい」との声が上がり、仕方なく、Aさんにはコピー用紙の補充、会議室の準備と片付け、廃棄書類のシュレッダーかけ等をお願いすることにしました。

しばらくは、それらの仕事をしてもらっていたのですが、1日分の仕事にはほど遠く、やがてAさんから「全くすることがなく、どうしたらいいのか分かりません。私は、この会社から必要とされていないのではないかと不安でいっぱいになります。」との相談がありました。そして、その翌日から欠勤が続き、ついに先日退職してしまいました。

最初の段階でよい仕事を切り出せていれば、こんな結果にならなかったと思います。どんな業務を切り出し、準備したらよかったのでしょうか。

解説と助言 ターニングポイント 受入準備

なかなか難しい問題です。このAさんが、ご自身の障害特性をどのように把握されていたかということが問題になります。Aさんから、積極的に「こんな仕事の経験がありますので、こんな仕事をやらせて欲しい」と言ってもらえたらよかったのかもしれませんが、なかなかそのような積極性を期待するのは難しいものです。

本人との面接の中で、たとえば就労移行支援事業所に通っていたという話があったら、そこでどんな作業や訓練を行っていたかを聞いてみるという方法が考えられます。就労移行支援事業所の中には、独立行政法人高齢・障害・求職者雇用支援機構で開発された「ワークサンプル幕張版」という模擬作業を、日々の作業訓練に取り入れているところがあります。そうした就労移行支援事業所では、数値の照合作業を行う「数値チェック」という作業や、文房具等の購入を行う際の請求書を作る「物品請求書作成」という作業、あるいは工場内で誰かが作業した結果を集計表に取りまとめる「作業日報集計」という作業を行わせている可能性があります。ワークサンプル幕張版には、全部で16種類のワークサンプルがありますので、その中のどんな作業を訓練してきたのか、どの程度の難易度のものをこなすことができたのかなどの情報を本人から聞き取ることができれば、その情報をもとに具体的な作業のイメージを各部署に伝達し、よく似た作業を切り出してもらうようなことが可能になったかもしれません。

もし、まだ若くてそのような訓練や業務の経験がない人や、受障後の就労経験がなく、以前の職務能力が維持されているかどうか分からない人などであれば、最初から難しい仕事をすることは、大きなストレスになる可能性があるかもしれないと想定します。そして、比較的簡単な作業（できれば練習用の模擬的な作業）を準備して、作業体験をしてもらいながら、その実施状況に基づいて作業の難易度や作業量などを調整し、本人がやりがいを感じるであろう作業や、少し難しいけれど挑戦したいと思うような作業を選定していくという方法を取ることも効果的です。本人にとって、やりがいと負担のバランスのよい作業を探して、提供していきましょう。

事例❷

障害状況の職場への周知

障害種別 精神障害

精神障害者のBさんを総務部で雇用することになりました。

フルタイム勤務（9時～18時）を条件に採用しましたが、本人の障害についいて、周囲の人にどのように、どの範囲で伝えればよいか分かりませんでした。Bさんからは、「必要な範囲で障害についてお知らせし、周囲の方の理解を得た上で、合理的配慮をお願いしたいと思います。」と、言われていました。

いろいろと検討を重ねた結果、個人のプライバシーに関することでもあるため、Bさんの受入部署の部長にだけ、Bさんが精神障害者保健福祉手帳を持っていることを伝え、必要な合理的配慮を確認し提供するようお願いしました。

Bさんは、入社後、受入部署の部長と面談をしたようなのですが、部内の他の人にはBさんの障害について何も伝えられることはなく、仕事の指示や合理的配慮の内容も不明確なまま時間が過ぎてしまったようです。しばらくして、Bさんから「何の仕事を担当しているのかよく分かりません。部長からは、ゆっくりと作業をするように言われているのですが、周りの皆さんがどのように自分のことを思っているのか不安です。」との訴えがあった後、休みがちになり、結局辞めてしまいました。

社内では、どのように周知することが適切だったのでしょうか。

これもまた、なかなか難しい問題です。もし、Bさんが、その周知の範囲を「必要な範囲で」といったのであれば、部署全体ではなく、直属の上司と直接作業指導をする担当者、あるいは本人のサポートをする担当者などに伝えておくという方法も選択肢の1つです。あるいはBさんを配属する部署全体に、ミーティングで障害について周知するという判断もあり得ます。

いずれにしても、本人との間で取り決めた合理的配慮の内容と提供方法について、それを実行する立場にある人を「必要な範囲」と捉え、本人の障害特性と併せて伝えていくことが適切でしょう。「必要な範囲」については会社で一定の判断をし、本人にはまずは最初のステップとして、「この範囲に伝えている」ということを話しておくことも大切です。中には、口では「必要な範囲で」とは言いながらも、自身の障害について周囲の人に知って受け入れてもらった上で、安定して働きたいという気持ちも持つ人もいます。段階的に、働いてしばらくしてから本人が自ら、周囲の人に伝えたいと考えることもあるかもしれません。そのような相談があった時には、本人が話す前に、周囲の人に突然聞いて驚かないよう伝えておき、その後で本人から直接、障害状況や合理的配慮の内容について話してもらうという方法も有効かもしれません。

本人の意思・気持ちを尊重して適切な形で周知するということが、このような問題に対処する際のポイントとなります。

なお、本人の意思・気持ちを尊重することはとても重要ですが、本人が言うことを何でも受け入れ、聞き入れなければいけないということではありません。第3章の『合理的配慮の「過重な負担」』（116頁）や、コラム③（132頁）でも、過重な負担についての考え方を示しましたが、本人の意思・気持ちの尊重についても、無制限に何でも聞き入れていくことが必ずしも正解であるとは限りません。もし、本人の意思・気持ちを尊重し、何でも受け入れていくような方針で精神障害者の雇用に取り組んでしまうと、障害者は、自分の不得手なことや面倒なことをすべて他者の手に委ねてしまうかもしれません。そうなると周囲の人がしわ寄せを被り、いびつな人間関係が職場に生じることになるでしょう。

合理的配慮や意思の尊重は、精神障害者を甘やかすためのものではありません。障害者が職場で持てる能力を発揮し、周囲の人や会社、ひいては社会の役に立てるような環境を作るためのステップだと考えましょう。

事例③ 精神障害者への苦手意識

障害種別 精神障害・発達障害

障害者の雇用を進めていこうと考えています。

しかし、社内では、以前、精神障害者や発達障害者を雇用した際に、うまく定着につなげることができなかったためか、精神障害・発達障害に対する苦手意識が蔓延しています。現在、応募者の多くは精神障害や発達障害の人ですが、そうした障害種別の人は不採用にしていました。

そんな時、発達障害の応募者から電話があり、不採用になった理由を尋ねられ、つい「発達障害の人は当社では採用しないことになっています。」と伝えてしまいました。すると、その人がハローワークにそのことを話したようで、後日、ハローワークの方から注意をされてしまいました。

とはいえ、社内の特別な障害種別へのアレルギーも理解できるのです。どのように対応すればよかったのでしょうか。

　このような考え方をお持ちの企業は、実際のところたくさんあるのではないかと思います。最近では、ハローワークからの応募者の多くは精神障害者になってきていますが、企業の方に、どんな障害の人を採用したいか尋ねると、多くの場合、「身体障害の人がいいですね」とおっしゃいます。「精神・発達の人はちょっと…、よく分からなくて」とおっしゃることも、実際にはよくあります。

　この事例のような経験をされている企業は確かに多く、特定の障害の人はもう避けようと考えてしまうことは理解できます。しかし、このような考え方は、差別的な捉え方の1つであり、社会的な問題であると考えなければなりません。

　精神障害・発達障害だから採用しないという差別は、絶対にしてはならないことです。障害者雇用促進法に基づき厚生労働省が定めた障害者差別禁止指針では、障害者であることを理由とする差別を禁止しています。たとえば、採用に際し障害者に対してのみ不利な条件を付したり、障害者を募集や採用の対象から外したりすることが、差別として挙げられています。この考え方に基づくと、特定の障害種別に不利な条件を付したり、特定の障害種別を募集や採用の対象から外したりすることも、不適切であると考えるべきでしょう。もし、このような考え方で採否を決定しているようであれば、その企業は差別的な企業だと言われても仕方ありません。障害種別を理由に採否を決めることは、障害種別による差別をしていることにほかなりません。

精神障害の人も、発達障害の人も、その障害特性は一括りにできるものではなく、個々に全く異なる障害状況があるのです。一人ひとりの能力を、それぞれにきちんと評価し、適切な選考をしていくという考え方を持ってください。その上で、応募条件に合った優れた人を選考していきます。その選考の結果、別の障害種別の人になる場合もあるでしょうし、精神障害や発達障害の人を採用する場合もあるでしょう。適切な選考の結果、精神障害の人や発達障害の人が不採用になったということであれば問題はありませんが、精神障害・発達障害という障害名を理由に不採用とすることは不適切です。

事例❹

採用後の急激な状態の変化

障害種別 精神障害・発達障害

30代前半の男性Cさんは、面接時はとても元気があり、ハキハキしていて、正直、どこに障害があるのか全く分かりませんでした。面接で「服薬も通院もしていません。問題ありません。」と言っていたので、障害特性についてそれ以上掘り下げることはしませんでした。応募書類には精神障害者保健福祉手帳の写しが添えられており、等級は2級となっていました。職歴は合計で7社、約半年から2年ほどの在籍期間で転職を繰り返していましたが、よい人材に思えたので採用しました。

Cさんは採用後、当初は面接時と同じように明るくハキハキしていて、元気に働いていたのですが、2ヵ月を過ぎた頃から怒りっぽくなって周囲にあたり散らし、それまではなかった仕事上のミスも見られるようになりました。周囲の人とのトラブルも生じていたようで、直属の上司から相談を受けたこともありました。

そんな状態が2週間ほど続いた頃、突然Cさんが無断欠勤し、連絡をしたところ、ひどく落ち込んだ様子でしばらく会社を休みたいと言われてしまいました。

面接の段階で、障害特性についてもっと掘り下げて聞いておけばよかったのでしょうか。

解説と助言 ターニングポイント 採用活動

このような事例は、採用担当者の精神障害に対する知識や理解が乏しいと起こり得ます。Cさんが職場にうまく定着していけるかというと、障害種別や障害状況によっては、非常に難しい可能性があります。

Cさんには、自閉症スペクトラム障害という発達障害か、双極性障害などの精神疾患があると考えられます。

自閉症スペクトラム障害の場合、Cさんには知的障害はなく、表向き周囲の人に特に違和感を覚えさせない、適応的な行動が取れているように見えます。ところが、本人は周囲の人たちとのコミュニケーションの中で「理解されていない」「伝わっていない」などの不全感を感じていることがあります。また、作業の進め方に独自のルールを持ち込み、そこにこだわってしまったりするような行動が生じがちです。

これらの行動の変化に、当初、周囲の人たちも気づかずにいることが多いのですが、Cさんがコミュニケーション上の不全感から周囲の人にあたったり、こだわりが極端になったり、ミスをするようになったりしたため、周囲の人たちは本人に注意したのかもしれません。そしてCさんは、自分では精一杯努力しているのに注意を受けたことで、叱責されたと感じて、出勤することが怖くなってしまったのかもしれません。

このような場合には、職場で問題が生じていることを把握した時点で本人と面談し、本人が感じているコミュニケーション上の不全感やこだわりについて、本人の考え方や感じ方に対し受容的に聴き取りながら、周囲の人たちの考え方や本人が誤解している部分などについて話し合うことが必要です。また、話し合いの中で、コミュニケーションの取り方や作業の進め方についてのルールを明確にし、Cさんが安心して職場に戻れるよう、周囲の人たちにも、Cさんと話し合った結果について周知していくことも必要となるでしょう。

双極性障害の場合には、躁状態の時にはとても元気でハキハキとしていて明るく、対人的な問題は何も感じられないという一面を持っています。

一方で、その躁状態がどんどん昂じてくると、時に傲慢になったり、攻撃的になったりという行動特性が表れることもあります。長く続いたうつ状態から脱して、張り切って新しい会社に入って、いきいきとしている時期がしばらく続くかもしれませんが、その躁状態が段々に疲労を蓄積させることになり、心の状態が不安定になってきて、被害的な考え方に囚われるなどの精神症状として表れてくるようになったのかもしれません。

双極性障害の場合には、躁状態はいずれうつ状態へと変わります。特に、服薬を継続していなければ躁とうつの移り変わりはだんだん早くなってくると言われています。Cさんの場合には、入社2ヵ月ほど経ってから、心の状態が不安定になり、とても辛いうつの症状が表れ、出勤困難な状態になったと考えることができます。

もしかしたら、Cさんのこれまでの複数回の転職の際も、同じような出来事が起きていたのかもしれません。入社後、1～2ヵ月は躁状態が続いても、やがてうつ状態になって欠勤が続き、また回復して職場復帰する、そのようなことが半年から2年くらいの周期で何度も繰り返されていたのかもしれません。Cさんは調子の悪い時には受診し、服薬して回復するものの、調子が上がると怠薬してしまい病状が悪化しているのでしょう。そのような不安定さがこれまでに何回か見られていて、独力での服薬管理が徹底できていない状況が時々見られたことから、医師が精神障害者保健福祉手帳の2級という判断をしたのかもしれません。精神障害者保健福祉手帳の2級の人が、皆不安定だということではありませんが、Cさんについては、自分の障害についての認識も、障害特性に対する対処も、治療継続の必要性についての認識も十分ではないと判断されていると考えられます。

精神障害者保健福祉手帳の2級を持つ人の中には、自分の障害状況や障害特性を理解し、主治医と相談をしながら2級という診断を得て、日常生活においても無理をしないように心がけているという人もたくさんいます。そういう人は、面接の際には、たとえば、「主治医から『まずは勤務時間を限定して1日5時間の勤務でなら就職しても大丈夫だ』と言われており、その範囲内で、○○のような仕事で勤務したいと思っています。」などと説明することがあります。このように障害を認識し、他者への説明をできる人が、2級の手帳を持っている場合には、障害について大きな懸念を覚えることもなく面接を進めることができます。

つまり、精神障害者保健福祉手帳の2級がよいとか悪いということではなく、自分自身の障害状況をきちんと理解し、伝えることができる人物かどうかを重視するという視点が必要となります。見た感じは元気そうでよい人のように思えても、それがたまたまよい状態の時だったということもあり得るのです。精神障害者保健福祉手帳の等級にかかわらず、自分自身の障害認識がきちんとできており、疾病についてきちんと理解し説明できる人が「よい人材」と言えるでしょう。

事例 5

中途障害者の職場復帰

障害種別 身体障害(高次脳機能障害の可能性)

50代前半の男性Dさんは、脳梗塞で倒れ、右の上肢と下肢に麻痺が残ってしまいました。その後、日常生活が送れる状態まで回復したので、職場に復帰することになりました。障害者手帳は「身体障害者手帳2級」で片麻痺の記載があり、杖と装具を使っています。病気をする前は、バリバリの経理マンであったDさんには、職場復帰後も同様の業務に就いてもらうことにしました。

職場復帰後、Dさんの部署の人から、「Dさんの財務諸表のチェック作業に、チェック漏れが多く、結局他の人が再チェックをしている」との相談がありました。他の人が再チェックすることで作業自体は完了できるが、あまりにもたくさんのチェック漏れがあるので、皆心配になっているとのことでした。受障以前には、そのようなことはなく、Dさんが最終チェックをすることになっていたそうです。

職場復帰を検討する際に、Dさんの障害状況についてどのように確認すればよかったのでしょうか。

解説と助言

ターニングポイント　**採用活動（職場復帰）**

脳梗塞で倒れ、右上肢と下肢合わせて2級という障害がある場合には、左の脳に大きなダメージを受けている可能性があります。左の脳にダメージを受けると、左側頭葉の言語野にもダメージを受けている可能性があり、言語の障害を持っている可能性を考えておく必要があります。言語野にダメージを受けていると、たとえば、脳梗塞を発症する前に比べて、数字の取り扱いが苦手になっているかもしれないということを考えなければなりません。

また、言葉を話すことや、話し言葉を理解したりすることが苦手になっている場合もあり得ます。Dさんに一見、失語症の症状が見られず、うまく日常会話ができるようになっていたとしても、数字の取り扱いや計算の能力に関して把握をしていない場合は、職場復帰後、同じ経理という仕事に適応できるかどうか、不安要素があると考えなければなりません。

脳梗塞や脳血管疾患などで脳にダメージを受けている場合には、見て分かる身体の障害だけでなく、受傷した部位あるいはその周辺の部位から想定される他の障害特性（この事例では高次脳機能障害）についても検討しておくことが必要となります。中途障害者の職場復帰を図る場合には、身体障害者手帳での障害状況の確認だけでなく、高次脳機能の障害等についても配慮する可能性があることに、留意ください。

事例6

高学歴の精神障害者の教育

障害種別 発達障害

20代後半の発達障害のEさんは、有名大学卒の学歴があり、金融機関に就職したものの3年程度で退職していました。その後、2年程度のブランクがあり、就労移行支援機関で訓練を受けた後、当社に応募しました。高学歴でパソコンも得意な様子でしたので、難しい作業にも対応でき即戦力として期待できるのではないかと考えました。他の障害者雇用枠と給与設定などが同じでよいのか、どんな仕事を任せればよいのかを社内で検討し、大卒初任給レベルの給与で、一般事務職として採用しました。

採用後すぐに、配属した部署から相談がありました。仕事の覚えが悪く、何度説明をしても作業手順を間違えたり飛ばしてしまったりするそうです。計算力は高いようですが、集計元の数字を間違えてしまう等のミスが絶えないとのことでした。また、ミスを指摘すると感情的になりイライラした様子も見られるため、教えている側が疲れてしまい音を上げているとのことでした。

Eさんの障害をどのように考え、教育をしていけばよいのでしょうか。

解説と助言

ターニングポイント　**職場定着の支援**

高学歴の発達障害者は、数多くいます。そして多くの大学で、障害者手帳を持っていない発達障害の学生を対象に、学内での学習支援や学校生活に関する支援が行われています。

Eさんの場合には、大学卒業後に最初の職場を離れてから、就労移行支援機関を利用していることからすると、おそらく発達障害でうまく社会に適応できないことに自分自身でも気づき、医療機関などと相談をしながら障害者雇用での就職へと進んできたものと考えられます。計算力の高さと対人関係の苦手さなどから考えると、たとえば、自閉症スペクトラムという障害があるのかもしれません。

自閉症スペクトラムの人の中には、知的な障害はなく、むしろ知的には高い能力を持っているのですが、他の人とのコミュニケーションが苦手であったり、職場などの社会的な場面でどのように振る舞えばよいのかが分からなかったりする人がいます。このような人は、自分の得意な分野や仕事内容をうまく把握できた場合には、高い集中力で精度の高い仕事ができることもありますが、初めてする作業や他者とのコミュニケーションが多い仕事では、障害特性による苦手な部分が目立ってきてしまいます。

Eさんが、どのような行動特性を持っているのか、どのような作業を得意としているのかなどについて、本人が利用していた就労移行支援機関等から情報を得ることも1つの方法でしょう。また、作業結果の良し悪しが明確に分かる模擬的な作業を使って、本人の作業能力を把握する期間を持つという方法も考えられます。

いずれにしても、本人の高い能力を即座に発揮させようとするのではなく、本人の得意不得意や、作業などを学習させる時に有効な教育方法、本人の障害特性に合った作業環境などについて、十分に把握をした上で職務に取り組ませることが必要でしょう。その上で、最終的に行わせたい仕事につながる、最も簡単なレベルの仕事から段々難易度を上げたり、仕事の量を増やしたりする方法を取ると効果的です。一気に仕事を任せてしまうと過集中気味になってしまい、休憩も取らず、疲労を溜めてミスをしがちになることがよくあります。そのような状態にならないように、本人にも自身の障害特性を把握させながら、また職場内でも本人の障害特性を把握しながら、任せられる仕事の範疇を広げていくようにするとよいでしょう。

コミュニケーションについては、本人が苦手な方法、得意な方法を把握することから始めましょう。Eさんの場合には、作業を教えられる時、口頭で指示されるだけでは理解しきれないようですので、たとえば、作業工程を細かく区切って説明したり、図示したりした作業指示書を作成し、作業指導時に活用するとよいでしょう。どのような指示の出し方が、Eさんの最も理解しやすい方法なのかを特定し、一つひとつの作業を本人に理解しやすい方法で伝えていく工夫が必要です。

事例7

「やればできる」が通じない

障害種別 精神障害・発達障害

当社は比較的若手の従業員が活躍し、ベンチャー気質のある会社です。20代後半の精神障害者の女性Fさんは、勢いのある優秀な女性マネージャーのもとに配属されました。配属当初から、Fさんは周囲となかなかコミュニケーションが取れずに悩んでいる様子が見られましたが、マネージャーは定期面談時に「私はあなたを障害者という見方はしていませんよ。やればできると思っていますし、実際にやれると思っています。健常者と同じように頑張って結果を出していきましょうね。」と愛情を持ってアドバイスをしていました。

当初はFさんも努力し、周囲の人とコミュニケーションを取ろうとしていたようですが、2ヵ月ほど経って突然、「会社に行くのが怖い」と主治医に相談し、休職することになりました。

マネージャーにも、これといった相談はなく、何が問題だったのかよく分かりません。このような状況をどう捉えればよいのでしょうか。

解説と助言 ターニングポイント 職場定着の支援

Fさんが、うつなのか統合失調症なのか、あるいは発達障害なのかというのは、この事例ではあまり問題ではありません。どのような障害種別であっても、このような出来事は起こりがちだからです。うまくコミュニケーションが取れないということから、職場の他の人たちと同じペースで頑張れるか自信がなかったり、マネージャーの障害理解や合理的配慮に不合理さを感じていたりしていた可能性が考えられます。

このマネージャーは優秀な女性ということで、「ノーマライゼーション」という考え方を持っていたかもしれません。ノーマライゼーションとは、「障害者と健常者を特別に区別することなく、社会生活を共にすることが正常であり、本来の望ましい姿である」とする考え方です。マネージャーは、この考え方に基づき、障害者であっても、他の人と同じように頑張ればできるし、どんどん仕事ができるようになれば、評価されて職位も上がり、給料も上げていくことができる、という働き方が、障害者にとっても適切なのだと思っているかもしれません。

しかし、精神障害や発達障害を持つ人の場合には、頑張りすぎると、体調が崩れたり病が再発してしまうことがあります。Fさんも、周りの皆と同じ働き方をすると自分がまた壊れてしまうかもしれないと思い、常に不安を感じ、他の人とうまくコミュニケーションが取れなかったのかもしれません。

ノーマライゼーションという考え方を、努力で障害を乗り越え健常者と同じようになることだと捉えて、健常者と同様に努力をすること、目標を達成することを求めてしまうと、障害者は常にプレッシャーに晒され続けることになります。

Fさんはマネージャーから、努力して結果を出すことを求めるような声かけをされていました。この声かけが、Fさんに「プレッシャーを与えられた」「もっと頑張らないと辞めることになる」という不安を生み、「誰にも相談ができない」「会社に行くことが辛い」という状況へつながっていったのではないでしょうか。そしてFさんはマネージャーの存在を恐れるようになり、出勤することも恐ろしくなってしまい、主治医に相談し、休職という判断が出たのかもしれません。

Fさん自身がどのようなことで悩んでいるのか、コミュニケーションが取れない理由はどこにあったのか、Ｆさんの考え方や感情を把握することが大切です。本人にとって無理のない働き方や望ましい職業生活についての考え方を聞き取り、その考えを尊重し、その方向に沿った助言やマネジメントを考えてみる必要があるのかもしれません。

精神障害や発達障害に限らず、身体障害の人の場合でも、同じようなことで悩んでいる場合があります。このマネージャーは愛情を持って接していたのだとは思いますが、障害を持つ身にとっては、心に負担がかかるようなアドバイスになっているのかもしれません。障害者は、健常者と同じではありません。作業を習得するにしても、安定した出勤を継続するにしても、健常者とは異なるさまざまな障壁があるのです。そのような障壁が、日常生活にも職業生活にもあることを多くの健常者は知らないため、知らず知らずのうちに、障害者に対して無理を強いていたり、努力を強制したりしてしまうのかもしれません。

事例❽

職場でのコミュニケーション

障害種別 発達障害

20代後半の発達障害のGさんはパソコンスキルもあり、問題なく業務を行っていましたが、休憩時間になると遠慮なく隣の人に話しかけ、おしゃべりが止まらなくなっていました。会話の内容も自慢話が多く、周囲のメンバーが迷惑そうにしていたのをみかねて、上司が「相手のことを考えてコミュニケーションを取るように」と注意しました。注意を受けてから、Gさんが隣の人に話しかけることはなくなりましたが、感情の起伏が激しくなり、会社も休みがちになってしまいました。

注意したことがきっかけだと思うのですが、どのように話せばよかったのでしょうか。

解説と助言 ターニングポイント 職場定着の支援

Gさんは、仕事上は問題がなく、周囲の方ともコミュニケーションが取れていました。問題は、Gさんが「同じ職場の人と仲良くなりたい」と考えた時に、どんな方法でコミュニケーションを持てばよいのかがよく分からない、という行動特性を持っていたことにあります。Gさんは、自分なりに相手に話しかけ、周りの人に自分のことを分かってもらおうと考えていたのかもしれません。そして、自分のことをよりよく理解してもらおうという気持ちからか、自慢話のような表現方法を取っていました。

発達障害の人は、人間関係をうまく結ぶことができず孤立してしまうことがあります。そのような状況に陥らないよう、Gさんは精一杯努力していたのかもしれません。誤った方法だったかもしれませんが、努力していた本人の気持ちを聞き取ることなく注意をしてしまったため、「では、何をすればよかったのか」「一生懸命周りのことを考えていたのに誰も理解してくれない」というような孤立感を抱いてしまい、会社を休みがちになってしまったのかもしれません。

Gさんが、周りの人が迷惑だと感じるような言動でコミュニケーションを取ってしまったのであれば、Gさんがなぜそのような言動を取ったのか、理由や考え方をしっかりと聞き取り、職場での適切な打ち解け方やコミュニケーションの方法についてアドバイスをしていくとよいかもしれません。この時、アドバイスは、できるだけ具体的な行動の仕方を、期待できる結果も含めて伝えると理解が進みます。コミュニケーションが苦手な人であることを理解しつつ、適切な方向に少しずつ修正していくようなアプローチが、本人の成長と職場定着を促すでしょう。

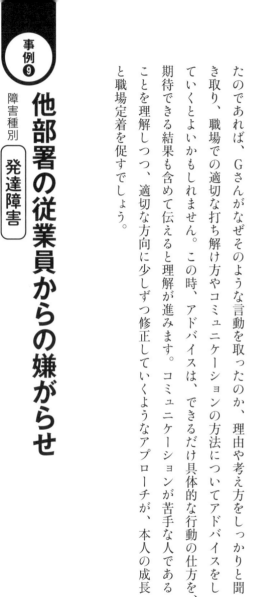

事例⑨

他部署の従業員からの嫌がらせ

障害種別　発達障害

30代前半の帰国子女で発達障害のHさんは、フルタイム勤務（9時～18時）を条件に採用されました。2ヵ月を経過したところで上司に相談がありました。

「日々の勉強だと思って、毎日英字新聞を読むようにしています。休憩時間中に、休憩スペースで英字新聞を読んでいたら、ある部署の人から、『英字新聞なんか読んでる。意味も分からないのに格好付けてるよな。』と聞こえよがしに言われました。自己研鑽のつもりで努力していることがよくないのでしょうか？最近、会社に来るのが怖くなってきています。」との内容でした。

上司は、Hさんの努力は素晴らしいことであり、他の部署の人が言うことは、あまり気にしないように伝えました。

しかし、その後も他部署の人からの嫌がらせは続いていたようで、Hさんは体調の悪化を理由に欠勤するようになりました。

最初に相談を受けた時に、どのように対処すればよかったのでしょうか。

解説と助言 ▼ターニングポイント 職場定着の支援

発達障害の人の中には、帰国子女という経歴を持つ人もいます。日本語よりも英語でコミュニケーションを取るほうが得意なほど英語が堪能なHさんですが、日本での就職活動に悩み、受診の結果、障害者手帳を取得したという経緯がありました。

Hさんはいつか英語を仕事に活かしたいと考え、毎日英字新聞を読んでスキルアップに励んでいたのですが、その行為をHさんの所属する部署以外の人から曲解され、意地悪な物言いをされてしまいました。

このような事例では、何の対処もせずにいると、虐待にあたるような状況になってくるかもしれません。もしかしたら、他部署の人の目には、自分たちが読むことができないような英字新聞をこれ見よがしに読んでいる、気取った人のように映ったのかもしれませんが、Hさん本人はいたって真面目に自己研鑽に励んでいるのです。

Hさんが障害者であることが知られているいないにかかわらず、このような言動をされているのであれば、Hさんが嫌がらせを受けていると認識しても当然でしょう。発達障害者の就業時のトラブルの中には、障害者の特性によるトラブルと言うよりも、たとえば通常の正社員とは異なる採用ルートで入社し、有期雇用という異なる条件で、何らかの配慮を受けながら勤務している人たちを、異質な者と見なして排除しようとする、社会的ないじめと考えられるようなトラブルも見られるのです。

このような状況が生じているのであれば、個々の休憩時間の過ごし方に介入しないことや、障害者に対する偏見に満ちた言動をしないよう、部署を超えて組織的に、注意喚起を行う必要があります。さらに、一人ひとりを尊重することの重要性を伝えていくことも必要かもしれません。

一方で、このような組織的なアプローチは、時に障害者本人の心の負担になることもあり得ます。障害についてどのように周知を図っていくのか、本人の希望や意向も含めて十分に配慮することが必要です。

事例⑩

勤務条件変更の申し出

障害種別　精神障害

精神障害者手帳を持つ30代前半のIさんは、フルタイム勤務（9時～18時）を条件に採用されました。採用後、3ヵ月を経過したところでIさんから人事部へ相談がありました。「毎日寝ても仕事の疲れが取れず、朝起きるのがすごく辛いです。日中もふらふらになりながら仕事をしている状態です。大変申しわけないのですが、勤務時間を10時～16時に変更していただけないでしょうか。」といった内容でした。

Iさんの直属の上司に、本人からの訴えがあったことを伝え、この3ヵ月間のIさんの状況を確認しました。すると毎日定時に出勤し、仕事ぶりも安定していて頑張って仕事をこなしており、上司もIさんには残業をさせないようにしながら定時に退勤してもらうよう配慮している、という話でした。そこで、Iさんには「出退勤も勤務状況も乱れがないようなので、もう少し早めに寝たり土日にしっかり休息を取るようにしたりしながら、現在の勤務条件を維持してみてはどうでしょう？」とアドバイスし、Iさんの上司にも様子を見るよう伝えました。

その結果、翌週の月曜日には元気に出社したIさんでしたが、火曜日には遅刻してしまい、水曜日から欠勤する状況になってしまいました。Iさんに連絡をしても、「ご迷惑をかけて申しわけありません。どうにも身体が動かず、出社することができません。」との返事があるだけです。

Iさんから相談があった時に、どのような対応をすればよかったのでしょうか。

精神障害者への就労支援を行っている立場からすると、Iさんは3ヵ月間とてもよく頑張っていたと感じます。

Iさんは職場では疲れやストレスに晒されている自分を見せないようにしながら、自宅で寝ても仕事の疲れが取れない状況であることを訴えていました。Iさんにとっては、明らかに疲労が限界に来ている状況だったのでしょう。

精神障害者にとって望ましい睡眠時間は、基本的には7～8時間、人によっては9時間ということもあります。睡眠導入剤を飲んで眠るということが習慣化されていますので、21時～22時には床に着き、5時～6時の間に目覚めるという生活リズムを守っている人も多くいます。睡眠時間を十分にとって、余裕を持って日常生活を送ることが、彼らが病とうまく付き合っていくために必要としている生活スタイルなのです。

このような睡眠時間の確保は、フルタイムで18時まで勤務して、家に帰って夕食を21時くらいまでに取るとなると、だんだん無理が生じてきます。日常生活では他にも、やらなければならないことがたくさんありますので、徐々に入眠時間が遅れ、睡眠時間が減っていくことになってしまいます。余裕のあった生活リズムが変わり、1日7時間くらいの睡眠で頑張って3ヵ月働いてみたものの、どうしても疲れが取れないというような事態になっていったものと推定されます。Iさんは勤務時間が10時〜16時にできれば、もっと睡眠時間も確保でき、生活に余裕ができると考えたのではないでしょうか。

このような申し出があった場合には、人事部と受入部署とで十分に相談の上、勤務時間の調整について検討するとよいでしょう。Iさん自身が自分の体調や状況を見て相談に来る、ということはなかなかできることではありません。どちらかというと、自分の体調の悪化について、自分でチェックできなかったり、分かっていても社内の誰にも相談できなかったりして、崩れていってしまうことのほうが一般的かもしれません。

Iさんのような申し出があった場合には、十分耳を傾け、長期的な雇用を実現するためのステップとして、勤務時間を調整したり、作業量を減らしたりする工夫をしてみましょう。このような申し出を、自分からできる人をうまく定着させることができれば、よい人材を得たことになるでしょう。日々活力をもって働けるような状況を本人と一緒に作りながら、再びフルタイム勤務に戻せるよう試みてください。

事例⑪

作業に対する取り組み

障害種別 発達障害

普通高校を卒業後、就労移行支援事業所に2年間通った後、事務補助の仕事で採用となった20代の発達障害のKさんは、入社当初から1時間ほど作業するとトイレに行くなど離席する様子が見られていました。そして、採用後3ヶ月たった今も、Kさんは、与えられた作業に集中できず、指示された作業手順を守れなかったり、同じような作業ミスを繰り返したりしていました。

このような状態について、上司からは何度か面談の中でフィードバックし、作業を丁寧に行うよう伝えました。しかし、Kさんは、周囲の人の視線が気になること、みんなからどう思われているのか心配なこと、このままでは辞めさせられるのではないかと不安になっていることなどを訴えるばかりで、一向に作業面での改善が見られません。

このようなKさんが適切に作業をできるようにするには、どのような支援を行えばよいのでしょうか？

解説と助言

ターニングポイント　職場定着の支援

Ｋさんは作業に集中できない理由を、周囲の人の視線が気になる、周囲からどう見られているのか心配だと話しています。これらが、過度に気になってしまうのは、Ｋさんの学校時代の出来事に影響されているかもしれません。普通高校を卒業しているＫさんは、学校時代に、勉強やスポーツ、さまざまな活動の中でうまく周囲についていくことができなかったり、溶け込むことができなかったりする中で、周囲から何か言われたりからかわれたりした経験があるかもしれません。そのような経験があると、過度に周囲からの評価を気にしたり、自分がうまくできないことを気にしたり、するようになります。

このようなＫさんが、適切な作業能力を身につけてもらうための支援には、まず１６７頁で説明したセルフマネジメントスキルの向上に向けた支援が役立つでしょう。

ただ、Ｋさんの場合には、作業学習について、少し小さなステップを組んで段階的に支援していく必要があるかもしれません。たとえば、Ｋさんの、正確さに対する意識を高めるために、一作業単位ごとに、正確な作業ができたかどうかを自分で確認する、セルフモニタリングのステップを導入することができます。このステップでは、自分で確認した結果を1つずつ記録する、セルフモニタリングシートなどを使って確認行動を徹底させるやり方が用いられます。支援者は、一定数ごとに（例・10個ずつ）、Kさんが確認して記録した結果を、実際の作業結果と照らし合わせ、フィードバックをしていきます。このようなセルフモニタリングの手続きでは、支援者が正確であることを重視していること、そして多少時間がかかっても正確にできたことに対して、しっかりと賞賛し認めていくことが重要です。この手続きは、作業手順の遵守についての意識を高める場合にも役立ちます。この場合には、Kさんが確認するのは、作業結果だけではなく、手順書に示されている工程を1つずつ実施したかどうかを、確認し記録していきます。

このような正確性に対するアプローチは、作業学習を支援する際の重要なステップとなることがよくあります。

このステップの中で、作業についての正確性が向上したら、今度は、167頁で説明したようなセルフマネジメントスキルの向上のための支援を段階的に行っていきます。

最初のステップは、支援者からの指示によって作業に取り組む段階です。このステップを繰り返す中で、より多くの作業単位でも、適切な作業手順や正誤の判断を正しく行えるよう、支援してきます。このステップの中で、複数作業を正確に実施できるようになったら、次は、選択のステップです。このステップでは、支援者が複数の作業内容や作業時間の選択肢を示し、Kさんが自分で取り組む作業内容や作業時間を選んでから、作業します。しっかりと選択して実行できるようになったら、次は、自分で計画を立て実行するステップです。このステップでは、これからの半日や1日に取り組む作業について、自分で計画し、実行し、その結果を記録・報告していきます。

このようなKさんへの支援の中で心がけたいことは、どのステップにおいても十分なフィードバックを行うことです。なぜなら、Kさんは、以前の学校生活の中ではおそらく、うまく振る舞うことができず、褒められたり認められたりする機会が少なかっただろうからです。逆に言えば、Kさんに対し、何が望ましい行動なのかを明確に伝え、丁寧なフィードバックを行うことで、取り組むべきことに集中できるように促していくことができるでしょう。

このような点に注意しながら、段階的なセルフマネジメントに対する支援を丁寧に行っていくことが、Kさんの作業の問題を改善するのに役立つでしょう。

事例⑫

他者のふるまいが気になりすぎる

障害種別　発達障害

大学院を卒業したものの、就職活動がうまくいかず引きこもりがちになっていた、20代の男性のLさんは、精神障害者手帳を取得し、障害者雇用枠で採用となりました。

Lさんはデータ入力などのパソコン作業が得意で、与えられた作業は作業マニュアルに沿って適切に行うことができていました。一方で、他者とのコミュニケーションは苦手としているようで、出退勤時の挨拶はするものの、自分から他の人に話しかけたりする様子はあまり見られませんでした。

入社後、3ヶ月ほどたったある日、他の従業員と一緒に作業を行っていたとき、Lさんは他の従業員が作業マニュアルと違った仕方で作業しているのを見かけ、上司との面談の中で、上司にそのことを注意するよう求めてきました。上司は、その日の作業結果に問題がなかったことを確認し、あまり気にしないよう伝えましたが、Lさんは不満を感じたようでした。その後、Lさんは、他の従業員たちの言動や作業の仕方について気にすることが増え、時には、やや感情的になって、そのことを直接指摘するようになりました。

そのような出来事が何度か続いたことから、上司はLさんに再度、他の従業員のことを気にしすぎないように話しました。しかし、Lさんは、自分は間違ったことを言っていない、他の人に注意しないのは不当だ、いつも自分が悪者にされていると、感情的に訴えるばかりでした。

このようなLさんの言動の背景を理解し、以前のように自分の作業に集中できるよう支援するには、どのような対応をすればよかったのでしょうか。

解説と助言　ターニングポイント　職場定着の支援

高学歴でありながら、就職活動の段階でつまずいた経験のあるLさんは、知的には全く問題はなくむしろ優秀な方であり、就職活動の面接などの場面で、うまく対応することができなかったのではないかと考えられます。また、マニュアルや正しいことへこだわる様子から、Lさんは高い知能を持ったＡＳＤ（自閉症スペクトラム障害）の方かもしれません。

ＡＳＤという障害を持つ方の多くは、幼少期から学生時代の間に、他の子供たちや生徒たちとうまくコミュニケーションを取ることができず、時に、虐められたり、疎まれたりした経験を持っています。このような過去の経験の中で、Lさんは、自分は間違ってはいないのに周囲の人に受け入れられず悔しい思いをしていたり、当時の周囲の人たちに感情的に接したことで、逆に悪者のように扱われ傷ついたりしたことがあるかもしれません。このような、過去のトラウマティックな経験は、Lさんも気づかないうちに、今の行動へ影響を及ぼすようになっているかもしれません。たとえば、Lさんは次のように考えているかもしれません。「私は、いつも正しく行動しなければならない。正しい行動とは、マニュアルに沿って行動することだ。マニュアルに沿って行動をすることは正しいことなので、全員がそうすべきである」このような考えは、実は、過去のトラウマティックな体験の中で培われた、Lさんの行動のルールとなっているかもしれません。このような状態を、今の出来事が過去の経験に、関係付け（Relating）られていると言います。そしてLさんは、そのルールに反することに対し、つい注意が向いてしまうよう方向付け（Orienting）られていて、それに抵触するような〝他者の行動に敏感に反応したり、他者の行動がたとえ結果に問題がなくても悪いことであるという思い込みに囚われたり、感情的になってしまったりする〟（喚起：Evoking）のかもしれません。

実は、精神障害者や発達障害者の人たちには、このような過去のトラウマティックな体験が今の行動に強く影響を与えているようなケースは、非常に多く見られます。また、このような行動上の問題が生じていても、本人は、なぜ何かが気になったり何かに拘ったりするのかを、説明できないことも少なくありません。

このような状況を改善するためには、今の出来事と、どこかに類似性がある、本人の過去の体験にどのようなものがあるのか、その体験に対しどのように感じているのかを聞き取っていくことが、最初の重要なステップになります。そのような体験は、過去に何回か、違った時期や場面で繰り返し体験されているかもしれません。このような情報を、先ほどのような関係づけ、方向づけ、喚起という考え方にあてはめ分析することを、ＲＯＥ分析と言います。このような方法で、本人も特定できていない、心の中で自動的に生じる心理的過程を分析し理解することが、第二のステップとなります。さらに、次のステップに進むために、そのような心の中で生じる心理的過程は、すべての人の心の中で生じること、そして、それは消すことも押さえつけることも難しい過程であると伝えることも必要かもしれません。そして、そのような心の問題に対処するには、まず自分が影響を受けている心理的過程に気づくこと、そして、その過程からの影響を今も受け続けることが、適切で必要なことなのかを検討し、別の行動の仕方を選ぶことができるかどうか、練習していきます。このような心の問題との向き合い方を学び、新たな行動に挑戦していくことが第三のステップとなります。

このような心理的な過程へのアプローチは、ＡＣＴ（アクセプタンス＆コミットメント・セラピー）などの支援方法を活用することで実践できます。ただし、このような心理的過程の元となっている、過去のトラウマティックな体験が複数、複雑に絡み合っている場合には、ＡＣＴのアプローチも多面的で、より継続的な支援が必要となります。

このような分析や支援が必要な場合には、これらの支援ノウハウを持っている外部の支援リソースを活用するとよいでしょう。

事例⑬

新たな作業や役割の回避

障害種別 精神障害

以前の職場でうつ病を発症し、精神障害者手帳を取得して入社した40代の女性のMさんは、仕事の覚えも早くコミュニケーションも良好で、頼りになる存在でした。職場の上司もMさんを頼りにしており、近い将来、数人の作業チームのリーダーとして、登用したいと考えているようでした。そして、その上司は、Mさんに、新人の教育担当としての役割を依頼したり、新しい作業マニュアルの整備やグループへの説明を行うよう求めたりしました。

職場で新たな役割を求められたMさんは、当初、それらの役割を完璧にこなそうと努力している様子でしたが、徐々に顔色が悪い日が見られるようになりました。また、他の従業員とのコミュニケーションも減り、仕事でのミスも見られるようになりました。心配になった上司が、Mさんに様子を尋ねると、Mさんは、毎日欠かさず行っていたジョギングも最近はすっかりできなくなったことや、時折、死にたいと考える自分がいることなどを話してくれました。

このようなMさんの言動の背景を理解し、将来的にチームリーダーとして活躍してもらえるよう育成し支援するには、どのような対応をすればよいでしょうか。

解説と助言 ターニングポイント 職場定着の支援

Mさんが体調を崩した直接的な要因は、新たな役割を求められたことにあるでしょう。ただ、通常のMさんの仕事ぶりから、生活スタイルが崩壊したり希死念慮が生じたりするほどの役割を求められたかというと、微妙なところかもしれません。新たな役割が、これほどの影響を与える背景は、やはり、前職でうつ病を発症したときのネガティブな経験との関係を検討する必要があるでしょう。もし、Mさんが前職で、チームリーダーとしての役割を上手くこなせなかったり、新人を教育する中で何かのトラブルがあったりし、うつ病の発症へとつながっていたとしたらどうでしょうか。もし、そうなら、今回の新たな役割が、前職での出来事で感じた辛さや抑うつ感、無力感などと関連づけられ、Mさんがより強い苦手意識やより強い不安を感じたとしても不思議ではありません。そのような、ネガティブな感情に抗いながら、新たな役割に「取り組まなければならない、完璧に行わなければならない」という自己ルールに縛られ行動し始めると、それはもっと強いストレスをMさんにもたらしたでしょう。そのようなストレスは、Mさんにとって、日々の生活を整える習慣であったジョギングを諦めさせ、その結果、うつ病が再燃してしまったのではないでしょうか。

Mさん自身も、ここまで極端に体調が崩れるとは考えていなかったかもしれません。なぜなら、先ほどのLさんの事例と同じように、過去のトラウマティックな経験が、今も影響を与え続けているということに、Mさん自身も気づいていないかもしれないからです。

今、Mさんが感じている、過度のストレスや、それに抗うために派生させた自己ルールを解除するには、Mさん自身の心理的な過程について気づくことが大切です。できれば、Mさんと一緒にROE分析などに取り組み、今の自分の状態を客観的に捉え直せるよう支援するのも1つの方法です。そして、Mさんが影響を受けている心理的過程とうまく向き合えるよう支援するために、ACTなどの心理的アプローチを活用することも役に立つかもしれません。また、一旦、Mさんにとって、過負担となっている新たな役割を緩和するか解除するかし、本来の生活リズムを取り戻せるよう支援することも重要です。また、職場では、以前のような安定した無理のない仕事への取り組みができるよう支援することから始めるとよいでしょう。

これらの取り組みによって、Mさんが、以前のような働き方を取り戻すことができた段階で、今度は、どんなチームリーダーになりたいのかを話し合うとよいでしょう。たとえば、何でもこなすことができ、みんなから頼られるような「英雄型リーダー」を目指すのか、それぞれが自分の限界や苦手さをみんなと共有しながら、一人ひとりが持つ力を引き出すことができるような「黒子型リーダー」を目指すのか、あるいはまた別なタイプのリーダーを目指すのかなどを検討するとよいでしょう。そして、Mさんが決めたリーダー像に向けて、無理のない計画に沿って、段階的に新たな役割に取り組んでいけるよう支援することが望ましいのではないでしょうか？

事例⑭

感染症予防のための在宅勤務

障害種別 精神障害・発達障害

事務職で勤務している統合失調症の40代の男性Nさんは、担当している作業の学習には少し時間はかかったものの、今ではすっかり仕事を任せられるほどになっていました。一方、発達障害と不安障害のある20代の女性Oさんは、仕事の覚えは速く体調がよいときは、作業もスムーズにこなし安定していますが、生理前後は遅刻・欠席が目立ち、そんな自分の状態に不安を訴えることもよくありました。2人の在籍している部署では、Nさんと0さんに対し、週1回程度の面談で仕事や体調について聞き取り対処することで、なんとか入社後1年を超えて定着することができていました。

そんな時、世界規模で新しいウィルス感染症が蔓延したことから、全社的に、できるだけ多くの従業員を在宅勤務させることで対応を図ることとなりました。しかし、Nさんと0さんに任せていた仕事は減少し、それだけでは十分な作業量ではありませんでした。そこで、NさんとOさんには、新しい作業も含めて幾つかの作業を組み合わせて、在宅で仕事をしてもらう必要がありました。

このような状況の中、NさんとOさんの在宅勤務での職場定着を図るために、どのような対応をすればよいのでしょうか?

解説と助言

ターニングポイント 職場定着の支援

在宅勤務には、いろいろなメリットとデメリットがあります。また、そのメリット、デメリットは、対象となる方の状態によって、捉え方が違ってくる場合があります。たとえば、通勤の負担については、NさんもOさんも同じように軽減されたと感じるかもしれません。しかし、新たな職務の学習については、Nさんは在宅でマニュアルを見ながら、じっくりと取り組めることを前向きに捉えるかもしれませんが、Oさんはマニュアルでは分かりにくい部分を、すぐに質問できない状態で学ばなければならないことをネガティブに受け止めるかもしれません。

感染症予防のための在宅勤務が、障害のある従業員にとって、できるだけ多くのメリットとなるよう準備することが必要です。

では、どのような点について準備をしていけばよいのでしょうか？

1つめは、在宅での作業環境について検討しておくことです。在宅勤務ができる作業場所をそれぞれの自宅内にどう確保するのか、パソコンやネットワーク環境を個々人の負担ではなく企業としてどのように構築するのか、などについて準備しておきましょう。また、作業環境が確保できる場合でも、その場所がご本人にとって集中しやすい環境なのか、他の家族の生活との調和は取れるのか、自宅という閉じられた環境の中で生活のリズムをうまく切り替えることができるのか、なども重要な観点です。これらは、個々のプライベートな生活の部分なので、何か問題があっても企業側が直接調整することは難しいかもしれません。しっかりと当事者自身が検討し調整できるよう、支援することが望ましいでしょう。さまざまな在宅環境の整備に対処することで、在宅勤務であっても安心できる就業環境を整えることができるでしょう。

2つめは、仕事の内容です。先の事例のように、新たな仕事を組み入れる必要がある場合には、それらの仕事の内容を明確にし、実施マニュアルの整備を行ったり、十分な仕事の学習機会を確保したり、仕事を指示する人は誰か、また、報告相手は誰かなどを明確にしたりすることが必要です。また、不明点やイレギュラーな事態が生じた際の、相談手段や相談相手を明確にするなど、業務の指示命令系統・業務フローなどを整理しておくとよいでしょう。

3つめは、コミュニケーションの方法についてです。在宅勤務によって、直接的な対面でのコミュニケーションを行うことはとても難しくなります。このことは、Nさんのように、障害特性によってはメリットとなるかもしれませんし、Oさんのような、別の障害特性の方にはデメリットとなるかもしれません。このような問題への対策として、毎日のミーティングのタイミングを明確にしたり、定期的な面談・相談の機会を確保したり、随時コミュニケーションを行える方法を特定したりするとよいでしょう。毎日のミーティングのタイミングは、出退勤時に短時間でも構わないので、パソコン画面等での個別あるいはグループのミーティングを、定期的に行うとよいでしょう。このミーティングでは、日々の体調や疲労程度の確認、作業結果へのフィードバックなどを行いながら、個々の様子を確認するよう心がけるとよいでしょう。定期的な面談・相談は、予定した日時に会社に出勤し対面で行う方法もありますし、パソコン画面を通じて行う方法も有用です。パソコン上での面談は、1対1で丁寧な相談が行えたり、対面よりも表情の変化を捉えやすい、というメリットがあります。しかし、身体的な表現を読み取りづらかったり、言葉で伝えられなかった状態の把握が難しかったり、周囲の状況によっては話しづらかったりする場合もあるので、十分な配慮が必要です。

このようなコミュニケーション方法は、対面に比べると伝わりにくさを感じる支援者や管理者もおられるかもしれませんが、それらが逆に、丁寧な対応や伝わりやすい説明のための工夫をするチャンスだと捉えると、関わり方の改善につながるのではないでしょうか。

在宅勤務は、Oさんのように、出社勤務が安定していて自律的な作業が可能な方にとっては、負担が少なく働きやすい方法として受け入れられやすいものです。一方で、Nさんのように出社勤務の段階から時折不安定になったり、不安を訴えたりする方の場合には、面談・相談の機会を明確に確保されていなければ、在宅勤務をすることがかえってストレスになってしまうかもしれません。先のコロナ禍の際に、在宅勤務となった精神障害者の皆さんに、同じような傾向が見られたとの報告を見聞きしました。

感染症予防のための在宅勤務の実施は、いつ何時必要になるのかを予想することは困難です。日頃から、在宅勤務への移行も含めた仕事の確保や環境の整備、コミュニケーション方法の確立を心がけておきましょう。

事例⑮

障害者グループの管理者の行動変化

障害種別　すべて

障害者支援機関での勤務経験がある50代女性のPさんは、障害者グループの管理者として働いています。Pさんが、以前勤務していた障害者支援機関では、主に重度から中度の知的障害者の作業支援を担当していました。Pさんは以前の経験を活かし、一般企業で働く障害者が、もっと活躍できるようにしたいとの思いを持って、働いてくれています。

グループの管理者として勤務し始めた頃は、精神障害者や発達障害者が抱える心の問題や高次脳機能障害者の記憶障害への対応、知的障害者への作業学習への支援などに、とまどいながらも、外部の支援機関の定着支援を受けながら、徐々に管理者としての仕事に慣れていったようでした。

管理者として勤務してから1年ほど経った頃から、Pさんが一部の障害者スタッフに対して、大きな声で注意したり叱責したりする様子が、見られるようになりました。また、一部の知的障害のあるスタッフは、大きな声に驚いて泣き出したり、また別の発達障害のあるスタッフは、イライラして作業場の壁を蹴ったりする様子が見られるようになりました。

　上司が心配して、Pさんに状況を確認すると、知的障害のあるスタッフは、何度作業を指導してもミスがなくならずいい加減な仕事の仕方をしていることから注意をしていた、と説明しました。また、発達障害のあるスタッフは、ハサミの使い方や備品の取り扱いが雑なので、安全に配慮して使うよう何度も説明しているのに治らず、困っているとのことでした。

　そんな状況が断続的に1ヶ月ほど続いたころ、知的障害のあるスタッフと発達障害のあるスタッフが体調不良で出勤できないという連絡が入るようになり、それぞれの支援機関から2人が辞めたいと話していると連絡がありました。

　熱心に障害者スタッフを支援してくれているPさんですが、いつの頃からか、一部スタッフとの関係が悪化してしまっていたようです。会社としては、Pさんに任せすぎていたのかもしれませんが、どんなタイミングで、どのような対応をすればよかったのでしょうか？

解説と助言

ターニングポイント　受入準備・採用面接・職場定着の支援

　このような出来事は、障害者雇用に取り組む会社ではどこででも生じ得る出来事です。しかし、このような事態は、虐待事案にあたりかねない現状にあると考えなければなりません。現段階で、会社が直面しているリスクは複数あると思われます。まず、障害のある一部スタッフの離職のリスクです。次は、職場に来られなくなったスタッフを支えている、家族・支援機関、あるいは本人から管理者による虐待の訴えが生じる可能性というリスクです。そして、それらのリスクは企業への風評リスクなど、より大きなさまざまなリスクにつながり得ることを予測し検討する必要があります。以前、障害者への不適切な対応が問題視され、週刊誌などで報じられた企業では、その後、株価が低下するという結果となっていました。

　107頁で、令和5年（2023年）4月1日から施行される法改正によって、雇用の質の向上のための事業主の責務として、適当な雇用の場の提供、適正な雇用管理の実施に加え、職業能力の開発と向上に取り組むことが明確化されました。この観点から、この事例を考えると、障害者チームの管理者は、業務管理を行うだけではなく、能力開発も含めた障害者の成長を促す支援者としての役割があることになります。また会社は、そのような役割を担う管理者を採用し、その職務に取り組むよう指導・管理する必要があることにも注意を向ける必要があります。まず、会社は、管理者を採用する段階で、Pさんが持つ障害者への支援の経験が、さまざまな障害種別への職業分野での支援に活かせるかどうかについて、しっかりと確認する必要がありました。もし、Pさんが、精神障害や発達障害についての知識や支援ノウハウに不安を持っているのであれば、会社として、それらを学べる研修を行うことができたかもしれません。また、Pさんを採用した後、障害者チームの支援と管理を、Pさん1人に任せきることの危険性についても予測しておく必要がありました。異なる障害特性を持った、複数の障害者を1人の管理者が管理することは、Pさんに限らず会社にとってのリスクをもたらす可能性があります。誰か1人に任せるのではなく、複数の管理者で管理する体制を創ったり、役職者・産業医等による定期的な面談を実施したりするのも、孤立化を防ぐのに役に立つでしょう。さらに、虐待防止のための体制作りとして、虐待についての倫理綱領、行動規範、虐待防止マニュアルの作成や研修の実施、虐待セルフチェックリストの活用等についても、あらためて検討する必要もあるでしょう。

そして、今後Pさんがさまざまな障害のある従業員に対して適切な支援ができるよう、職業分野における支援という専門的なスキルを学ぶことができるよう研修機会を提供したり、外部支援機関・支援企業を活用して個別の支援計画の立案を支援したり、実際の支援が実施できるよう支援者としてのスキルを育成したりすることも重要です。そうすることで、Pさんが、個人的な好き嫌いや得意不得意などの感覚に頼らない、本当に役に立つ支援技術の習得をすることができるでしょう。

今後、会社としてさらに多くの障害者雇用の実現を目指すのであれば、現状のような虐待の恐れのある事案の発生に対する社内対応のあり方などについて検討するだけでなく、医療機関や支援機関等との連携を強化することで、ジョブコーチや公認心理師、精神保健福祉士、作業療法士などの専門職によるさまざまなサポートを得られるよう、さまざまな体制作りに取り組むことも有用なのではないでしょうか。

ここまで15の事例を見ながらケーススタディを行ってきました。どの事例も、精神障害

者の雇用を進めると起こりがちな出来事だと思います。適切なタイミングで、適切な対処を行っていれば、退職や休職、体調の悪化などに至らず、安定した就労につなげられたのかもしれません。

失敗は成功の母と言われます。これらのケーススタディを通して、精神障害者の雇用を進めるヒントを掴みとり、前向きな検討に活かしていただければと思います。

おわりに

最近では、障害者雇用も含めた「ダイバーシティ」という考え方が多くの会社で取り入れられるようになってきています。社会に存在するさまざまな人たちの諸事情について、相互理解を深めながら、お互いの能力を最大限発揮できるようにしようという考え方です。さまざまな障害特性を含めた個人の特長を最大限活かして能力を発揮させていくこと、これが今後の障害者雇用の望ましい方向性と言えるでしょう。

そのためには、まずは精神障害を持つ人が、自分自身の障害も含めて自己理解を深めること、そして自己理解に基づいたセルフマネジメントスキルを発揮し、安全で元気に働ける自分なりのペースや生活のあり方を身につけていくことが重要です。このようなスキルの獲得や生活の支援については、就労移行支援機関や障害者職業センターなどさまざまな職業リハビリテーション機関がサポートを行ってくれるでしょう。

また、採用時や就職後の精神障害者に対して、職場定着のために必要なスキルの獲得のための研修を行っている企業もあります。これらの外部リソースを活用し、精神障害者本人の成長を促すことも1つの方法です。

もう1つ重要なのが、精神障害者の生活の実情や障害状況の実態を十分に把握した上で、職場のルールや働き方を、彼らに合わせて少し調整していくという、職場環境側からのアプローチです。このような職場の環境整備、労働条件の整備は、障害者が培ったスキルや生活していくための工夫の実践に、必要不可欠です。障害者は日々サポートを受けながら努力をし、障害に対する自己理解を手に入れます。彼らが行うこの努力は、自分の身に降りかかった障害という名の困難と、いかに向き合い、つき合っていくのかを覚悟することから始まります。彼らの努力が実を結ぶためには、障害者雇用の現場である企業側もまた、精神障害という見えない障害に向き合い、環境整備を行って、彼らがいきいきと働くことができる場を創造することが必要となります。

さまざまな環境整備が伴えば、精神障害者をうまく職場に迎え入れ、戦力化を図ることが可能です。そのためには、組織的な受入体制の整備や障害についての知識、外部のリソースを含めた支援方法を持つことが必須となります。これらの環境整備は、障害を持つ従業員だけでなく、彼らを支える周りの従業員をケアするためにも必要なのです。

近年、精神障害者の増加を受け、障害者の就労支援や職場定着の支援を行っている外部リソースが充実しつつあります。中には、精神障害者を含めさまざまな障害のある人たちの長期にわたる安定的な雇用環境を、サテライトオフィスや在宅雇用という形で、企業と協働し、提供しているところもあります。また、精神障害者のメンタルヘルスの安定をサポートするために、職場内で実践できる心理療法の提供や遠隔でのサポートを行っているところもあります。精神障害者雇用を成功させるためには、まずはこれらの外部リソースのサポートを受けながら、社内の精神障害者の支援ノウハウを充実させていくという方法も選択できます。

精神障害者の成長と職場環境の整備、戦力化を図るための全社的な支援体制の整備などの条件がすべて整うと、望ましい形での精神障害者の雇用が実現し、長期にわたる定着が可能になります。外部リソースの賢い活用も視野に入れて、成功する精神障害者雇用に向けて、一歩一歩着実に歩を進めていきましょう。

著 者 紹 介

刎田 文記
（はねだ・ふみき）

（株）スタートライン　CBSヒューマンサポート研究所　主幹主任研究員
公認心理士・元障害者職業カウンセラー
明星大学大学院修士課程修了。（独）高齢・障害・求職者雇用支援機構で
障害者の職業リハビリテーションの実践・研究開発に従事。
（株）スタートラインに参画後は、最新のメンタルヘルスサポートの導入など
職場定着に向けた実践的支援技術を構築。

江森 智之
（えもり・ともゆき）

（株）スタートライン　人事総務部 部長
中央大学法学部卒。大手人材サービス業を経て
創業期の（株）スタートラインへ参画、障害者雇用のコンサルティング業務に従事。
障害者雇用に関するニュースやトピックスを発信するメディア『Start NEXT!』元編集長。

サービス・インフォメーション

通話無料

①商品に関するご照会・お申込みのご依頼
TEL 0120(203)694／FAX 0120(302)640
②ご住所・ご名義等各種変更のご連絡
TEL 0120(203)696／FAX 0120(202)974
③請求・お支払いに関するご照会・ご要望
TEL 0120(203)695／FAX 0120(202)973

●フリーダイヤル（TEL）の受付時間は、土・日・祝日を除く9:00～17:30です。
●FAXは24時間受け付けておりますので、あわせてご利用ください。

改訂版　成功する精神障害者雇用
～受入準備・採用面接・定着支援～

2023年11月25日　初版発行

著者　　　　刎田文記　江森智之

発行者　　　田中英弥

発行所　　　第一法規株式会社
〒107-8560　東京都港区南青山2-11-17
ホームページ　https://www.daiichihoki.co.jp/

ブックデザイン　中川 英祐（トリプルライン）

精神障害雇用改　ISBN978-4-474-09323-2　C2234(7)